UTB **3280**

W0041492

**Eine Arbeitsgemeinschaft der Verlage**

Böhlau Verlag · Köln · Weimar · Wien
Verlag Barbara Budrich · Opladen · Farmington Hills
facultas.wuv · Wien
Wilhelm Fink · München
A. Francke Verlag · Tübingen und Basel
Haupt Verlag · Bern · Stuttgart · Wien
Julius Klinkhardt Verlagsbuchhandlung · Bad Heilbrunn
Lucius & Lucius Verlagsgesellschaft · Stuttgart
Mohr Siebeck · Tübingen
C. F. Müller Verlag · Heidelberg
Orell Füssli Verlag · Zürich
Verlag Recht und Wirtschaft · Frankfurt am Main
Ernst Reinhardt Verlag · München · Basel
Ferdinand Schöningh · Paderborn · München · Wien · Zürich
Eugen Ulmer Verlag · Stuttgart
UVK Verlagsgesellschaft · Konstanz
Vandenhoeck & Ruprecht · Göttingen
vdf Hochschulverlag AG an der ETH Zürich

Linguistik für Bachelor – herausgegeben von Hans Jürgen Heringer

DIETRICH BUSSE

# Semantik

WILHELM FINK

*Der Autor:*

Dietrich Busse ist Universitätsprofessor an der Heinrich-Heine-Universität Düsseldorf und dort Inhaber des Lehrstuhls für Germanistische Sprachwissenschaft. Arbeitsschwerpunkte: Semantik, Verstehenstheorie, Textlinguistik und linguistische Epistemologie.

Monographien: *Historische Semantik* (1987), *Textinterpretation* (1991), *Recht als Text* (1992), *Juristische Semantik* (1993); Sammelbände: *Diachrone Semantik und Pragmatik* (1989), *Begriffsgeschichte und Diskursgeschichte* (1994, mit F. Hermanns und W. Teubert); *Brisante Semantik* (2005, mit M. Wengeler und Th. Niehr). Homepage: http://www.phil-fak.uni-duesseldorf.de/germ1/mitarbeiter/busse/start.html

Bibliografische Information Der Deutschen Nationalbibliothek

Die Deutsche Nationalbibliothek verzeichnet diese Publikation in der Deutschen Nationalbibliografie; detaillierte bibliografische Daten sind im Internet über http://dnb.d-nb.de abrufbar.


Gedruckt auf umweltfreundlichem, chlorfrei gebleichtem Papier

© 2009 Wilhelm Fink GmbH & Co. Verlags-KG, Paderborn
(Wilhelm Fink GmbH & Co. Verlags-KG, Jühenplatz 1, D-33098 Paderborn)
ISBN 978-3-7705-4862-0

Internet: www.fink.de

Printed in Germany.
Herstellung: Ferdinand Schöningh, Paderborn
Einbandgestaltung: Atelier Reichert, Stuttgart

**UTB-Bestellnummer: ISBN 978-3-8252-3280-1**

# Inhalt

# Vorwort

Eine Einführung in die Grundlagen der linguistischen Semantik mit dem für die Bände dieser Reihe vorgesehenen, doch recht knapp bemessenen Umfang zu verfassen, ist eine echte Herausforderung. Die Semantik zählt zu den schwierigsten und unübersichtlichsten Gegenstands- und Forschungsbereichen der Sprachwissenschaft. Mit ihren starken Bezügen zu Philosophie, Logik, allgemeiner Semiotik, Psychologie und Kognitionswissenschaft (um nur die wichtigsten zu nennen) ist sie ein Tummelplatz der Theorien, Modelle, wissenschaftlichen Schulen. Auf diesem ausgedehnten Kampffeld auf so wenigen Seiten Übersicht zu schaffen, kommt einer Quadratur des Kreises gleich. Dennoch ist es den Versuch wert, weil die Semantik schließlich eines der zentralen und sicherlich auch interessantesten Gebiete der Linguistik bzw. Sprachforschung im Allgemeinen ist. Gerade neuere und neueste Ansätze einer wissensanalytischen und kulturwissenschaftlichen Semantik zeigen, dass dieses Gebiet der Linguistik nicht nur etwas für Spezialisten (wie Logiker, Wörterbuchmacher, Computerlinguisten) ist, sondern auch für sozial-, kultur- oder medienwissenschaftlich interessierte Studierende ein wichtiges, aber auch interessantes Rüstzeug darstellt.

Beim Verfassen dieser Einführung sind (neben den eigenen Forschungsarbeiten auf diesem Gebiet) die langjährigen Erfahrungen des Verfassers in der akademischen Lehre der Semantik, seit fünf Jahren auch in Bachelor-Studiengängen, eingegangen. Der hier gewählte Ansatz der Darstellung und Gliederung ist daher vielfältig didaktisch erprobt. Ein erster Entwurf dieser Einführung ist von Bachelor-Studierenden einer kritischen Prüfung unterzogen worden. Insbesondere deren Hinweise für Kürzungen und Verdeutlichungen waren wertvoll und konnten in die Endfassung eingearbeitet werden. Für die gegebenen Anregungen danke ich allen, die daran mitgewirkt haben, und von denen ich didaktische Tipps und Ideen bezogen habe (manchmal ohne, dass sie dies schon wissen). Besonderen Dank schulde ich der Bachelor-Studierenden Anisha van Elten, die beim Erstellen der Endfassung wertvolle Hilfe geleistet hat.

Düsseldorf, im März 2009                    *Dietrich Busse*

# Hinweise zur Lektüre dieser Einführung

Diese Einführung ist speziell für Studierende der ersten sechs Semester (also im Bachelor-Studium) in einem Fach gedacht, in dem das Teilgebiet Sprachwissenschaft Wahl- oder Pflichtstoff ist, also z.B. in einer der Philologien wie Germanistik, Anglistik, Romanistik usw., oder einem benachbarten Fach wie z.B. Medien- und Kommunikationswissenschaften. (Der Verfasser z.B. vertritt das Fach Germanistische Sprachwissenschaft.) Das heißt, es wird versucht, in die Grundzüge der linguistischen Semantik so einzuführen, dass die einzelnen Kapitel nach Möglichkeit auch ohne weitere ergänzende Lektüre verständlich sind und inhaltlich nachvollzogen werden können.

Auch wenn dies das erklärte Ziel dieser Einführung (wie der anderen Einführungen dieser Reihe) ist, so muss doch generell eine Einschränkung gemacht werden: Eine Einführung in ein so voraussetzungsvolles (und manchmal auch schwieriges) Gebiet wie die Semantik, die durchgängig bis ins letzte verwendete Wort hinein und für jeden denkbaren Rezipienten selbsterklärend ist, ist schlichtweg im Rahmen der doch recht knappen Umfangsvorgaben für diese Reihe nicht machbar. Es wird sich daher nicht immer vermeiden lassen, und ist dringend zu empfehlen, parallel immer mal wieder ein linguistisches Wörterbuch (z.B. Bussmann 2008, Glück 2005 oder Lewandowski 1994) zu Rate zu ziehen, wenn der eine oder andere Begriff noch Erklärungsbedarf offen lässt. (Das Heranziehen von Internet-Quellen kann zwar ebenfalls zu weiterführenden Informationen führen; da diese, wie z.B. Wikipedia, aber leider in linguistischen Dingen häufig nicht frei von Irrtümern und Fehldeutungen sind, und häufig arg verkürzte Darstellungen und nur ungewichtete und unsortierte Literaturhinweise enthalten, sind ihnen gegenüber die genannten, von Experten verfassten und redigierten linguistischen Wörterbücher eindeutig vorzuziehen.)

Wen das Thema „gepackt" hat, oder wer manches noch genauer wissen will, kann zu einer der ausführlicheren Einführungen greifen, von denen die empfehlenswertesten allerdings nur auf Englisch vorliegen, wie z.B. Cruse 1986 und Lyons 1995. Immer noch empfehlenswert für die Grundlagen ist das zweibändige Werk von Lyons 1980.

# Teil I:
# Grundbegriffe, Theorien und Modelle
# der linguistischen Semantik

# 1. Grundlagen der Semantik

Ziele

## 1.0 Ziele und Warm Up

Über den Charakter wissenschaftlicher Erkenntnis bestehen viele Irrtümer. Sie ist, ganz besonders in der Semantik, von Theorien, Hypothesen und Gegenstandsdefinitionen abhängig.

In diesem Kapitel werden wir
- den Gegenstand dieses Buches kurz umreißen,
- seine Position im Verhältnis zu Nachbar-Disziplinen und –Bereichen bestimmen,
- einen Blick auf den erkenntnis- und wissenschaftstheoretischen Status semantischer Hypothesen und Definitionen werfen,
- besprechen, warum wissenschaftliche Gegenstände als *konstituierte* Gegenstände zu gelten haben,
- fragen, ob „Bedeutung" überhaupt ein homogenes Phänomen darstellt, und ob es ein „etwas" wie „die Bedeutung" (z.B. des Wortes X) überhaupt gibt.

Warm Up

Welche Bedeutungen des deutschen Wortes Bedeutung kennen Sie? Schlagen Sie evtl. in einem deutschen Wörterbuch nach.

Erinnern Sie sich an Situationen, in denen Sie mit anderen einmal explizit über die Bedeutung eines Wortes oder eines Satzes gesprochen haben (im Alltagsleben, außerhalb des Schulunterrichts)? Was für Situationen waren das? Worum ging es? Wie haben Sie dabei über Bedeutung gesprochen? (Wurde das Wort Bedeutung dabei überhaupt verwendet?)

## 1.1 Semantik: Begriff und Gegenstände

*Semantik* (Bedeutungslehre, in älterer, durch französische Einflüsse geprägter Terminologie auch: *Semasiologie*) ist zunächst diejenige Teildisziplin der Sprachwissenschaft bzw. Sprachtheorie, die sich mit der Erforschung der Bedeutungen sprachlicher Zeichen und Zeichenketten (Syntagmen, Sätze, Texte) befasst. Im engeren Sinne bezeichnet der Begriff auch die Bedeutung sprachlicher Einheiten selbst („Die Semantik von ‚Empfindsamkeit' ..."). Analog zu den Ebenen der Organisation komplexer sprachlicher Ausdrücke können Wortsemantik bzw. lexikalische Semantik, Satzsemantik und Textsemantik (nach mancher Auffassung auch eine ‚Pragmatische Semantik') unterschieden werden. Die Semantik weist enge Bezüge zur Zeichentheorie (Semiotik) und zur Sprachphilosophie (vor allem zur analytischen Philosophie angelsächsischer Prägung) auf und ist durch deren Modelle immer wieder beeinflusst worden. Die Semantik im engeren Sinne ist im 19. Jhd. zunächst als historische Wortforschung und unter starkem Einfluss sprachpsychologischer Ansätze (z.B. W. Wundt) entstanden. Nach der durch de Saussure (1916) eingeleiteten systemlinguistischen Wende wurde sie jedoch zunächst zugunsten der leichter formalisierbaren Teildisziplinen der Sprachwissenschaft (wie Phonologie, Morphologie, Syntax) vernachlässigt, im amerikanischen Strukturalismus teilweise als nicht „streng wissenschaftlich" erforschbar angesehen und erst seit den sechziger und siebziger Jahren des 20. Jahrhunderts stärker theoretisch und methodisch ausgebaut. (Daneben existierte aber immer die Lexikon-Praxis der Bedeutungs-Beschreibung in Wörterbüchern.)

„Semantik" ist Wortsemantik

Kern der Semantik als sprachwissenschaftlicher Teildisziplin ist die lexikalische oder Wortsemantik, und zwar sowohl theoretisch-begrifflich als auch empirisch-forschungspraktisch gesehen. Die Ansicht, dass die semantischen Modelle für Spracheinheiten höherer Organisationsebenen (Sätze, Texte) theoretisch wie methodisch aus den Konzepten der Wortbedeutung abgeleitet werden müssten (= Kompositionalitätsthese) ist immer noch weit verbreitet. Ausgehend von der durch de Saussure kanonisch gewordenen Definition der Zweiseitigkeit (Binarität) des sprachlichen Zeichens (Ausdrucksseite bzw. Lautgestalt, Schriftgestalt + Inhaltsseite) wurde die moderne Semantik durch das Prinzip der doppelten Gliederung (*double articulation*) geprägt. Den modernen (wort-) semantischen Modellen liegt daher das *Analysierbarkeitspostulat* zugrunde, d.h. die Auffassung, dass die Bedeutungsseite sprachlicher Zeichen (ähnlich wie auf der Ausdrucksseite das Wort in Morpheme und Phoneme) in Teileinheiten aufgegliedert werden kann. Ob es solche Teileinheiten auf der Bedeutungsseite tatsächlich gibt, ist jedoch zwischen den verschiedenen Modellen und Schulen der Wortsemantik äußerst umstritten.

Viele Theorien

Bei den Theorien der Wortsemantik kann (weitgehend dem Verlauf der Theoriegeschichte folgend) zwischen Vorstellungstheorien, Merkmal- bzw. Komponenten-Semantik, Logischer Semantik, Prototypen- bzw. Stereotypen-Semantik und Pragmatischer Semantik unterschieden werden. Neu hinzu kommt die zunehmend intensiver erforschte Kognitive Semantik (die einen Bogen zurück schlägt zu den psychologischen Tendenzen der Semantik im 19. Jhd.). Ein interessanter neuerer Ansatz ist die Frame-Semantik, die den Schwerpunkt auf eine umfassende Berücksichtigung des verstehensrelevanten Wissens in der semantischen Analyse legt. – In Theorie und Forschung sehr viel weniger stark ausgebaut als die Lexikalische oder Wortsemantik ist die Satzsemantik. Hier stehen sich vor allem logisch-semantische und eher pragmatisch-verstehenstheoretisch orientierte Ansätze gegenüber. Die Idee einer seit Aufkommen der Textlinguistik in den 1980er Jahren postulierten Textsemantik wird erst neuerdings im Kontext von Kognitiver Semantik und Sprachverstehensmodellen wieder aufgegriffen. – Neben oder am Rande der Sprachwissenschaft und Sprachphilosophie sind in jüngerer Zeit (meist interdisziplinär angelegte) Konzepte einer stärker kulturwissenschaftlich angelegten Semantik entstanden. Hierzu zählen vor allem die verschiedenen Varianten der seit den 1970er Jahren zunächst von Historikern (Koselleck) angeregten, dann auch in der Linguistik weitergeführten (heute auch von Philosophen, Soziologen, Politikwissenschaftlern, Literaturwissenschaftlern und anderen getragenen) neueren Historischen Semantik (wie Begriffsgeschichte, Diskursanalyse und Diskurssemantik, Topos-Forschung, Argumentationsanalyse).

## 1.2 Wissenschafts- und erkenntnistheoretische Grundlagen

Eine Einführung in die Semantik, als Einführung in die Grundbegriffe, Theorien und Modelle einer wissenschaftlichen (Teil-) Disziplin, erfordert eine Rückbesinnung auf diejenigen Grundlagen und Bedingungen, die außerhalb der gegenstandsbezogenen Theorien selbst liegen, weil sie die Voraussetzungen bilden, welche Möglichkeit und Struktur der jeweiligen phänomenbezogenen Erkenntnis überhaupt erst konstituieren und prägen. Am Anfang eines selbstreflexiven Nachdenkens über die Voraussetzungen und Grundlagen des eigenen Forschens sollte stets die Frage nach dem Status wissenschaftlicher Erkenntnis und Theoriebildung stehen. Die vorwissenschaftliche Auffassung (leider auch von vielen Forschern stillschweigend geteilt) geht häufig davon aus, wissenschaftliche Erkenntnis führe stets zu feststellbarer Wahrheit und Objektivität, mithin zu Eindeutigkeit und Unbezweifelbarkeit einmal festgestellter Erkenntnis. Diese vormoderne und äußerst brüchige scheinbare Gewissheit ist indes nicht nur für die Geistes- und Sozialwissenschaften, denen die Semantik zuzurechnen ist, grundlegend falsch, sondern auch für die Naturwissenschaften mit ihren scheinbar ehernen Gesetzen und ihrem Gewissheitsanspruch. Im Gegensatz zu diesem schon im Grundansatz irreführenden Ideal stellt sich Wissenschaft und wissenschaftliche Erkenntnis (vor dem Hintergrund moderner Wissenschafts-, Erkenntnis- und Kulturtheorie betrachtet) als Prozess nicht der Feststellung scheinbar vorherbestimmter und feststehender Wahrheit bzw. Wirklichkeit, sondern der Konstitution diskursiv bestimmter, von kulturellen, soziologischen und epistemologischen Voraussetzungen abhängiger Begriffe und Modelle dar, deren hypothesenhafter Charakter durch keine noch so starke Wahrheitsgläubigkeit aus der Welt geschafft werden kann.

    D.h.: Vom Standpunkt einer erkenntniskritischen Analyse dessen, als was „Wahrheit" bei reflektierter Betrachtung überhaupt gelten kann, ist jede wissenschaftliche These, jede Theorie, jede Definition als *Hypothese* aufzufassen. M.a.W.: *Jede* wissenschaftliche Erkenntnis ist *theorieabhängig*, abhängig von den vorausgesetzten Begriffen, Konzepten und Modellen. Moderne Wissenschaftstheorie und Erkenntnisphilosophie lehrt: Wahrheit existiert im Grunde nur innerhalb

*Theorieabhängigkeit*

eines gegebenen theoretischen Rahmens, auf der Basis eines gegebenen Systems von Begriffen, Definitionen, methodischen Richtlinien usw. Der amerikanische Wissenschaftstheoretiker Thomas Kuhn benannte dies mit dem berühmt gewordenen Begriff des *Paradigmas*; in der erkenntniskritisch ausgerichteten (darum oft als „postmodern" bezeichneten) Philosophie des französischen Philosophen Michel Foucault wurde für diese Komplexe von theoretischen Prädispositionen und Festlegungen der ebenso wirkungsmächtig gewordene Begriff *Diskurs* geprägt. Wissenschaftliche Wahrheit ist also stets diskursiv vorgeprägt, nur innerhalb eines bestimmten Diskurses (von mehreren miteinander konkurrierenden), innerhalb eines gegebenen Paradigmas existent. Der Glaube an eine überdiskursive, über den Paradigmen stehende Wahrheit ist ebenso obsolet wie derjenige an die eine, alle anderen zusammenfassende Religion.

Diese Tatsache hat Folgen für den Prozess und die Ergebnisse der Wissenschaft, welche in der so stark theoretisch dominierten Semantik besonders spürbar sind. Studienanfängern kommt das Erlernen der begrifflichen und theoretischen Grundlagen der Linguistik meist vor wie eine bloße Einübung in eine besondere Fachsprache, die quasi wie eine Fremdsprache mühsam erlernt werden muss. Im Unterschied zum Erlernen einer normalen Fremdsprache, wo es durchaus ein „falsch" oder „richtig" gibt, existiert in einer Wissenschaft wie der Linguistik gar nicht *die* Definition eines Begriffs. Enttäuscht in ihren Erwartungen stellen viele Studierende dann fest, dass für ein und dasselbe Phänomen u.U. verschiedene Begriffe, für denselben Begriff mehrere Definitionen und Bedeutungen existieren, bis dahin, dass ein und derselbe Begriff in unterschiedlichen Theorien verschiedene Phänomene bzw. Phänomenabgrenzungen bezeichnen kann.

Konstituiertheit    Damit wird aber die Frage der Wahrheit und Falschheit einer wissenschaftlichen Aussage zu einer Frage der Zuordnung dieser Aussage zu einer bestimmten theoretischen Schule, einem Hypothesenkomplex. Was in der einen Theorie eine „richtige" Feststellung ist, kann in einer anderen als „falsch" deklariert werden und umgekehrt. Gerade die Semantik ist nicht frei von dieser Problematik. Da die Frage, was die Bedeutung sprachlicher Sequenzen für eine Art von Phänomen ist, zu den zentralsten Fragen jeder Sprachtheorie zählt und damit zu den Problembereichen der Linguistik, welche am stärksten mit sprachtheoretischen Grundlagenfragen und –streitigkeiten verknüpft sind, muss es nicht verwundern, dass gerade hier die Meinungen über Definition, Abgrenzung und begrifflich-theoretische Fassung der zentralen Phänomene und Teilphänomene sehr weit auseinandergehen und die Einigkeit über die zentrale Terminologie und die Definition ihrer Begriffe recht gering ist. Es ist daher beim Durcharbeiten einer Einführung in die Semantik besonders wichtig, sich stets zu vergegenwärtigen, in welchem theoretischen Kontext, auf der Basis welcher Definitionen und Hypothesen eine bestimmte Begriffsdefinition, eine Gegenstandsabgrenzung, eine theoretische Festlegung erfolgt ist. Die moderne Wissenschaftstheorie geht daher nicht mehr davon aus, dass die Gegenstände wissenschaftlicher Beschreibung und Theorie, die Untersuchungsobjekte einer Disziplin, außerwissenschaftlich vorgegeben sind, sondern dass sie im Prozess der Theoriebildung, Definition und Phänomenabgrenzung allererst *konstituiert* werden.

Gerade für die Semantik ist die Frage, welche Gegenstände durch die Theorie konstituiert werden, von besonderer Wichtigkeit. Schon die Frage, ob dasjenige, was wir landläufig „die Bedeutung" (eines Wortes oder Satzes) nennen, überhaupt ein „Etwas" ist, ein deutlich abgrenzbarer, fassbarer Gegenstand, der in irgendeiner Weise „existiert", ist Inhalt tiefgreifender theoretischer Auseinandersetzungen und keineswegs eine als selbstverständlich unterstellbare Voraussetzung. Gegenstände in den Wissenschaften (z.B. das *Phonem*) haben aber nicht in derselben Weise eine Existenz wie die materiellen Dinge des Alltagslebens (also z.B. ein Baum, den ich auf der Wiese sehe). Die Tatsache, dass es sich bei Forschungsobjekten um konstituierte (und darum theorieabhängige und -relative) Gegenstände handelt, sollte daher immer bewusst bleiben. Die zwei Hauptprobleme, welche den Novizen der Linguistik das Erlernen der linguistischen Grundbegriffe und Theorien so schwer machen, nämlich (1) die scheinbar künstliche Terminologie mit einer Vielzahl von Neubildungen, sowie (2) die Tatsache, dass zwei Linguisten denselben Terminus u.U. in unterschiedlicher Definition und Bedeutung gebrauchen, sollten daher als das gesehen werden, was sie sind: Die notwendige Folge der Theorieabhängigkeit jeder wissenschaftlichen Erkenntnis und der damit einhergehenden wissenschaftlichen Freiheit, welche eine unabdingbare Voraussetzung ist für die Dynamik (und den „Fortschritt") der wissenschaftlichen Erkenntnis.

## 1.3 Semantik: Klassische Prämissen

Jede Untersuchung, die sich mit dem Problem der „Bedeutung" beschäftigt, muss sich zuvor ihres Untersuchungsgegenstandes versichern und klären, (a) welche Einheiten als das eigentliche Objekt einer semantischen Forschung oder einer Bedeutungs-Explikation angesehen werden sollen und (b) wie dieses „Objekt" theoretisch erklärt werden kann. Keine Theorie der Bedeutung kann diese begrifflichen Vorklärungen umgehen; wo dies dennoch versucht wird, erweist spätestens die angewendete Methode und Begrifflichkeit die (dann versteckt, also implizit) zugrundeliegende Bedeutungskonzeption. Der Bedeutungsbegriff ist (zumindest in der Semantik) bis in die jüngste Zeit meist allein auf das *Wort* bezogen worden, welches als die kleinste selbständige sprachliche Einheit aufgefasst wurde. Dies entspricht wohl auch einem vortheoretischen, alltäglichen Sprachverständnis, sind doch die „Wörter" diejenigen sprachlichen

Implizite Prämissen

Einheiten, die jeder Laie in den Kontexten ihres realen Vorkommens als solche erkennen kann.

Eine sprachwissenschaftlich begründete Theorie der Semantik darf jedoch bei dieser Alltagstheorie nicht ohne weitere Reflexion stehen bleiben, sondern muss sich die Frage nach den eigentlichen Bezugseinheiten sowohl des Bedeutungsbegriffs, als auch der (Theorie, Methodik und Praxis der) Bedeutungsbeschreibung stellen. Sind es Einzelzeichen, oder vielmehr die realen Kontexte ihres Vorkommens (Syntagmen, Sätze, Texte), oder gar kommunikative Akte, die das eigentliche Bezugsobjekt des Sprach-Verstehens, und damit die Objekte einer Theorie der „Bedeutung" sprachlicher Einheiten sind? Um einer Klärung dieser Frage näher zu kommen, soll im folgenden (sozusagen induktiv; konkreter: theoriegeschichtlich) die sprachwissenschaftliche Theoriebildung zum Bedeutungsbegriff – beginnend bei der *Wortse*mantik, dann aber auch fortschreitend über die *Satz*- zur *Text*semantik – in ihren wichtigsten Grundzügen dargestellt werden. Wichtige Strömungen der jüngeren Semantik, wie etwa die pragmatische Semantik und die Frame-Semantik, sollen ebenfalls zu Wort kommen. Bei dieser Darstellung kann nicht das Ziel der Vollständigkeit angestrebt werden (eine solche ist in semantischen Fragen in einer solchen knappen Einführung gar nicht mehr möglich); vielmehr werde ich mich auf solche Positionen beschränken, die im Theorie- und Forschungs-Zusammenhang der Linguistik eine besondere Rolle gespielt haben oder noch spielen, oder m.E. spielen sollten.

Da das *Wort* (oder das *Sprachzeichen*) bis heute in fast allen bedeutungstheoretischen Konzeptionen als die eigentliche Bezugseinheit der Semantik angesehen wird, muss jede Darstellung und Diskussion semantischer Konzepte bei den klassischen Ansätzen der *Wortse*mantik beginnen. Dabei muss jede Auseinandersetzung mit den traditionellen Bedeutungsbegriffen und –theorien bei den impliziten Prämissen der Wortsemantik ansetzen, nämlich

*„Existenzprämisse":* „(a) dass das, worauf man sich [...] mit dem Wort ‚Bedeutung' bezieht, überhaupt in irgendeiner Form existiert."

*„Homogenitätsprämisse":* (b) dass alles, was als ‚Bedeutung' bezeichnet wird, seiner Natur nach ähnlich oder gar identisch ist." (Lyons 1983, 128)

Die *Existenzprämisse* rührt aus dem seit der Antike überlieferten Bedeutungs-Platonismus her, nämlich der Vorstellung, dass die *Bedeutung* eines Wortes als *Idee* (Platon, Locke) oder als *Begriff* eine eigenständige Existenzform habe; sowohl über die Begriffstheorie der Bedeutung als auch in der lexikalischen Semantik ist diese Existenzprämisse bis in jüngste semantische Konzeptionen erhalten geblieben. Die *Homogenitätsprämisse* findet sich einerseits schon in der Beschränkung von Semantik auf Wortsemantik wieder, andererseits in der damit zusammenhängenden Position auch modernster Syntax-Theorien, dass die Bedeutung eines Satzes als Zusammensetzung aus den Bedeutungen seiner Bestandteile (von denen die Wörter bzw. die sie bildenden Morpheme die „kleinsten selbständigen Einheiten" sind) aufgefasst wird (*Prinzip der Kompositionalität*). Dabei ist von vornherein weder ausgemacht, ob alle „Wörter" (Substantive, Adjektive, Konjunktionen, Präpositionen, Partikel usw.) in gleicher Weise „Bedeutung" haben, noch, ob den verschiedenen Ebenen der Sprache (Wörter, Sätze, Texte) das Prädikat „Bedeutung" ohne weitere Unterscheidungen dieses zentralen sprachtheoretischen Begriffs zugesprochen werden kann.

## 1.4 Die Position der Semantik in den Bereichen linguistischer Forschung und Theorie

In der Linguistik ist die Semantik eine von mehreren Teildisziplinen, die mit anderen Teildisziplinen, aber auch mit Nachbarwissenschaften, in engerer oder weniger enger Verbindung steht. Die Linguistik ist aber bei weitem nicht die einzige Wissenschaft, die sich mit semantischen Phänomenen im weitesten Sinne beschäftigt. Ein Blick auf Nachbarwissenschaften zeigt, dass es eine teilweise sehr altehrwürdige Tradition des Nachdenkens über Bedeutungsphänomene schon lange gab, bevor die moderne Linguistik (eine insgesamt ja noch recht junge Wissenschaft) als solche entstanden ist. Zu nennen sind insbesondere die antike und mittelalterliche Philosophie, Logik und Zeichentheorie.

*Verschiedene Semantiken*

**Wissenschaften, die sich mit semantischen Phänomenen beschäftigen:**
- Sprachphilosophie/ Logik
- Semiotik/ Zeichenlehre
- Philologien
- Linguistik/ Semantik
- (Sprach-) Psychologie
- Kommunikationswissenschaft(en)
- Kognitionswissenschaften

angewandte Wissenschaften:
- Rechtswissenschaft
- Theologie
- Sprachlehrforschung/Sprachdidaktik
- Sprachheilforschung

Das Nachdenken über die Bedeutungen von Wörtern in Sätzen oder Texten ist in der Rechtswissenschaft und der Theologie sehr viel älter als in den erst im 19. Jahrhundert entstandenen Philologien. Noch heute kann man etwa über Fragen des Bedeutungsverstehens in der Hermeneutik eines Theologen wie F. Schleiermacher Klügeres lesen als in ganzen linguistisch-semantischen Bibliotheken. Auch die Jurisprudenz kann, was nur die wenigsten Linguisten wissen, mit einer ausgedehnten Reflexion über semantische Fragen dienen, die so ausdifferenziert ist, dass sie eine spezifisch linguistische Semantik gar nicht zu benötigen scheint.

Aber auch innerhalb der Sprachwissenschaft steht die Semantik in Bezug zu zahlreichen Teildisziplinen. Fragen der Semantik werden

*Nachbargebiete*

nicht nur in Lexikologie und Lexikographie, sondern natürlich auch in der Morphologie, der Syntax, der Wortbildungstheorie berührt. Ganz besonders gilt dies für die neue Teildisziplin der linguistischen Pragmatik, die sich so durchgängig und fast ausschließlich mit Aspekten der Bedeutung beschäftigt, dass man zu Recht fragen kann, warum ihr Gegenstandsbereich nicht längst als ein (wichtiger) Teilbereich jeder semantischen Forschung angesehen wird. Man könnte schließlich mit einem gewissen Recht sogar die Frage stellen, ob es überhaupt eine eigene Teildisziplin der Semantik innerhalb der Linguistik geben darf, da schließlich das kommunikative Übermitteln von „Bedeutungen" der Hauptzweck und Daseinsgrund der gesamten Sprache (und daher aller Ebenen des sprachlichen Systems) schlechthin ist. Da allerdings in der gegenwärtigen Ausprägung zahlreiche linguistische Gebiete (wie die Syntax, die Morphologie) von dem geprägt sind, was man die „Zeichenvergessenheit der modernen Linguistik" nennen könnte, ist es gut so, dass es eine linguistische Semantik gibt und dass diese gelegentlich auch anderen Gebieten der Linguistik die Theoriehoheit streitig macht mit dem richtigen Hinweis darauf, dass es ihr um den fundamentalen Zweck von Sprache schlechthin geht.

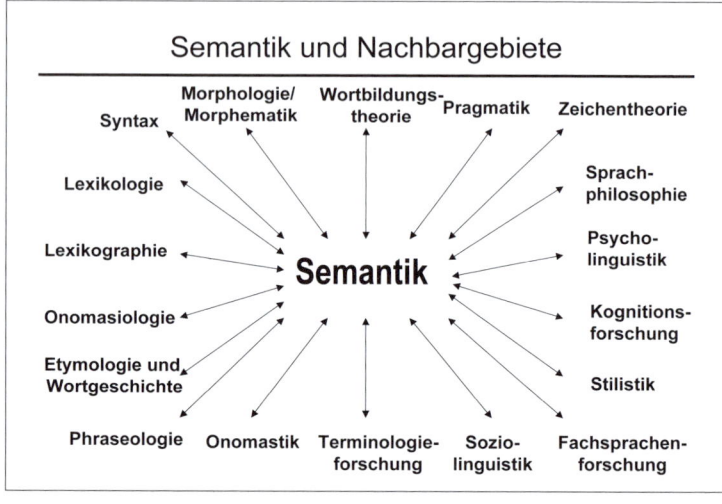

**Abb. 1:** Nachbargebiete der Semantik

Aufgaben
1. Was versteht man unter der „doppelten Gliederung" des sprachlichen Zeichens?
2. Was besagt das „Analysierbarkeitspostulat"?
3. Warum sagt man, dass wissenschaftliche Gegenstände „konstituiert" sind? (Was ist damit gemeint?)

4. Erläutern Sie mit eigenen Worten, was Lyons unter der „Existenzprämisse" und der „Homogenitätsprämisse" der klassischen Semantik versteht.
5. Was besagt das „Prinzip der Kompositionalität"?

Recherchieren Sie, was mit dem Begriff „wissenschaftliches Paradigma" (nach Thomas S. Kuhn) gemeint ist, und welche Auffassung vom
Wesen der Wissenschaft hinter diesem Konzept steht.

Vertiefung

# 2. Wortbedeutung: Positionen der Wortsemantik

## 2.0 Ziele und Warm Up

Ziele
Theorien der (Wort-)Bedeutung gibt es zwar nicht gerade wie Sand am Meer, aber doch nicht wenige. Die Leserinnen und Leser sollen sich ein eigenes Bild machen können und besser verstehen lernen, warum manche Theorien heute in der Linguistik favorisiert werden, während andere eine eher geringere Rolle spielen.

In diesem zentralen Kapitel werden wir
- den Begriff des (sprachlichen) Zeichens erläutern, und
- die wichtigsten Theorien der Wortbedeutung vorstellen,
- dabei in die wichtigsten Grundbegriffe der heutigen (linguistischen) Semantik einführen, sowie
- Argumente für und wider einzelne Modelle/ Definitionen erörtern.

Warm Up
Wie viele Bedeutungen (oder unterschiedlichen Verwendungsweisen) des Wortes *Schule* kennen Sie? Bilden Sie verschiedene Beispielsätze.

## 2.1 Die klassische Zeichentheorie

2000 Jahre Zeichentheorie
Die Untersuchung des Phänomens (Phänomenbereichs) „Bedeutung" ist zwar als eigenständige linguistische Teildisziplin noch recht jung, das Nachdenken über sprachliche Zeichen und ihre Bedeutungen als solches hat aber eine über 2000jährige Geschichte. Schon lange vor Entstehen einer Sprachwissenschaft im eigentlichen Sinn gab es, und zwar bereits seit der Antike, eine Zeichenlehre, in der man sich (auch) über die Natur sprachlicher Zeichen Gedanken gemacht hat. Am Anfang jeder traditionellen Zeichentheorie steht die Definition des sprachlichen Zeichens als eines

aliquid stat pro aliquo
„etwas", das „für etwas anderes steht". Gefasst in die berühmte lateinische Formel: „aliquid stat pro aliquo". Zeichen sind damit

Zeichen als Relationen
zumindest schon einmal als Relationen (Beziehungen) definiert, die zwischen zwei (ja, was nun, „Dingen", „Phänomenen"?) bestehen. Präziser als in der noch sehr unspezifischen Formel drückt es der spätantike Philosoph Augustinus aus:

> Augustinus (354-430): „Ein Zeichen (signum) ist nämlich eine Sache, welche außer der Erscheinung, die sie den Sinnen vermittelt, noch etwas anderes vermittelt."

Augustinus (354-430)
Zeichen sind also wahrnehmbare Dinge (im Fall der Sprache handelt es sich um physisch realisierte Laut-/ Schrift-Formen), die für etwas anders stehen, das wir nicht wahrnehmen können. Da es Zeichen

unterschiedlichen Typs gibt, ist in einer solchen allgemeinen (semi-
otischen, nicht linguistischen) Zeichendefinition noch nicht vorher-
bestimmt, was das „andere" ist, zu dem die sinnlich wahrnehmbaren
Zeichen-Objekte in Relation stehen, was dasjenige ist, das sie nach
den Worten von Augustinus „vermitteln". (In diesem „Vermitteln"
hat Augustinus übrigens schon eine wichtige Eigenschaft der Zeichen angesprochen, die heutzutage in aller Munde ist: ihre Funktion
als „Medium".)

Auf die Frage, was wir uns unter dem, worauf mit einem Zeichen    John Locke
(genauer: mit einem als Zeichen wahrgenommenen Objekt) verwie-    (1632-1704)
sen wird, vorzustellen haben, gibt 1300 Jahre später der schottische
Philosoph John Locke folgende Antwort:

> John Locke (1632-1704): „Die Wörter vertreten also ihrer ursprünglichen oder unmittelbaren Bedeutung nach nur die Ideen im Geiste dessen, der sie benutzt."

Hier kommt erstmals etwas zur Sprache, das sich auf das Phänomen
„Bedeutung" im linguistischen Sinne beziehen lässt. Locke definiert, so
könnte man sagen, die „Bedeutungen" der Wörter als „Ideen" im Kopfe
der Sprachbenutzer, also als eindeutig geistige Größen (man sagt heute
auch: als „mentale" oder „kognitive" Größen). Damit hat er die Frage
danach, was das zweite Beziehungsglied (das „relatum") der zweiseitigen
Relation der antiken Zeichendefinition ist, eindeutig so beantwortet, dass
dieses etwas Geistiges darstelle.

Eine solche Annahme (Definition) ist jedoch keineswegs zwin-    G.W. Leibniz
gend. Dies wird deutlich, wenn man auf die Zeichendefinition des    (1646-1717)
zur selben Zeit wie Locke lehrenden deutschen Philosophen Leibniz
schaut:

> Gottfried W. Leibniz (1646-1717): „Das Zeichen ist ein Wahrgenommenes, aus welchem man die Existenz eines Nicht-Wahrgenommenen schließen kann."

Leibniz bestimmt hier das zweite Beziehungsglied der Zeichenrelation als „Nicht-Wahrgenommenes". Darunter muss man sich nicht
notwendigerweise nur die „Ideen" vorstellen (wie Locke). Das „Nicht-
Wahrgenommene" kann schlicht ebenfalls eine im Prinzip sinnlich
wahrnehmbare Tatsache sein, die man nur eben im Moment nicht
wahrnehmen kann (bei visuellen Wahrnehmungen z.B., weil sie den
Blicken verdeckt ist). So kann ich etwa bei einer Wanderung hinter
einem Wald am Himmel Rauch aufsteigen sehen, und ich schließe
aus der Existenz dieses Rauches auf die Existenz eines Feuers, das
diesen Rauch verursacht haben könnte. Ich nehme also Rauch wahr,
und schließe, wie Leibniz es gesagt hat, auf die Existenz eines Nicht-
Wahrgenommenen, nämlich des Feuers. (Solche „Zeichen", oder präziser: von uns als zeichenhaft interpretierte physische Phänomene,
werden in der traditionellen Zeichenlehre auch als „natürliche Zeichen" oder „Anzeichen" bezeichnet.) Anders ausgedrückt: Die Zei-

chendefinition von Leibniz ist so abstrakt, dass sie solche natürlichen Zeichen, aber auch die „Ideen", von denen Locke sprach, gleichermaßen einschließt. (Schließlich sind auch Ideen etwas „Nicht-Wahrgenommenes", genauer: etwas Nicht-Wahrnehmbares.)

In der traditionellen Zeichentheorie hat man sich jahrhundertelang immer wieder darüber gestritten, ob das Relatum der antiken „aliquid-stat-pro-aliquo"-Relation (also das „aliquo", das „andere", für das „das Zeichen steht") als konkretes Objekt (wie bei den natürlichen Zeichen, aber auch: wie die von einem Wort bezeichneten Gegenstände in der Welt) definiert werden soll, oder im Sinne der „Ideen" (wie bei Locke), also als eine geistige Größe.

**Dreiseitiges Zeichenmodell**    Im sogenannten „Zeichendreieck" der klassischen Semiotik kommt diese zweifache Deutungsmöglichkeit der Zeichenrelation zum Ausdruck, indem der Zeichen-Ausdruck einerseits als auf die Zeichen-Bedeutung (die „Ideen" John Lockes), andererseits als auf die Gegenstände und Dinge der Welt direkt verweisend definiert werden kann.

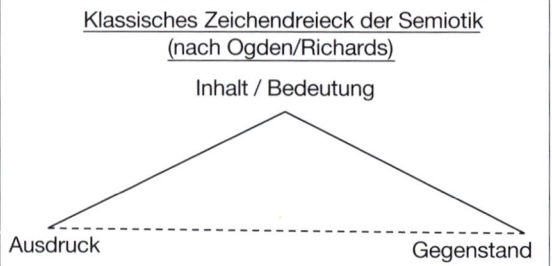

**Abb. 2:** Klassisches Zeichenmodell

(Da man davon ausgeht, dass ein Zeichen-Ausdruck als nur vermittels geistiger Aktivitäten auf „Gegenstände" verweisend aufgefasst werden kann, zeichnet man im Zeichendreieck die Relation zwischen Zeichen-Ausdruck und der Ebene der Gegenstände nur gestrichelt.)

Mit „Ausdruck" des Zeichens ist hier zunächst immer etwas sinnlich Wahrnehmbares gemeint ist, sei es der Rauch als natürliches Zeichen für Feuer, sei es die dem Wort „Baum" entsprechende Lautfolge als symbolisches Zeichen für das, was wir uns unter einem Baum vorstellen. Wenn man, wie hier im Zeichendreieck, aber das direkte Relatum des Zeichen-Ausdrucks als etwas Geistiges bestimmt hat, stellt sich alsbald die Frage, ob nicht dasjenige, was wir als „Ausdruck" bezeichnen (und das wir bisher immer nur unmittelbar als etwas Physisches, etwas mit unseren Sinnesorganen sinnlich Wahrnehmbares behandelt haben), selbst auch nur vermittels einer geistigen Aktivität in die Zeichenrelation eingeht.

**Logik von Port Royal (1662)**    Genau dieser Aspekt wird in der „Logik von Port Royal" (einer Philosophenschule in Paris) zum Zentrum der Zeichendefinition gemacht:

---

Logik von Port Royal (Arnauld/Nicole 1662): „Das Zeichen enthält genaugenommen in sich zwei Ideen, die des Dings, das darstellt, und die des dargestellten Dinges; seine Natur besteht darin, die zweite Idee durch die erste anzuregen."

Danach wäre ein Zeichen eine Relation zwischen *zwei* Ideen; also wären beide Seiten des Zeichens rein geistige („mentale", „kognitive") Größen. Die „Idee des Dings, das darstellt" könnte man in der heutigen Terminologie als „die kognitive Repräsentation der durch einen Zeichenausdruck ausgelösten Wahrnehmungsdaten" definieren; bei einem sprachlichen Zeichen wäre dies zunächst die kognitive Repräsentation der Lautgestalt (oder Graphemgestalt) eines Wortes.

Von dieser Sichtweise ist es nicht mehr weit bis zur Auffassung desjenigen Theoretikers, der die moderne Semiotik am stärksten geprägt hat, des amerikanischen Philosophen Charles Sanders Peirce. Er nämlich verlagert das „Zeichen" nunmehr vollständig „in den Kopf" der Zeicheninterpreten; bei ihm werden die landläufig als „Zeichen" bezeichneten Relationen zu Relationen im Geiste (in der Kognition) selbst, und damit zu den elementaren Bausteinen des Denkens:

*Ch. S. Peirce (1839-1914)*

> Charles Sanders Peirce (1839-1914): „Ein Zeichen – oder Repräsentamen – ist etwas, das für jemanden in irgendeiner Hinsicht anstelle von etwas anderem steht. Es richtet sich an jemanden, d.h. es schafft im Geist jener Person ein gleichwertiges (äquivalentes) Zeichen, oder vielleicht sogar ein weiter entwickeltes." (2.228)

Peirce ist es auch, der als erster darauf hinweist, dass das „äußerliche" Zeichen niemals mit der gesamten Fülle seiner sinnlich wahrnehmbaren Eigenschaften in die „steht für"-Relation zu dem anderen, auf das es „verweist", eingeht, sondern immer nur hinsichtlich bestimmter (ausgewählter) Aspekte. D.h. das Zeichen (genauer: der Zeichenausdruck, bzw. das als Zeichen für etwas anderes gedeutete wahrnehmbare Objekt) steht nicht „in jeglicher Hinsicht" für etwas anderes, sondern immer „in einer bestimmten Hinsicht".

Auf diesem Stand der Zeichentheorie fügt der Philosoph Edmund Husserl den Gedanken hinzu, dass die „Bedeutung" des Zeichens eben nicht einzig und allein auf das „etwas", für das „das Zeichen steht" reduziert werden darf, sondern dass sie mehr umfasst.

*Edmund Husserl (1859-1938)*

> Edmund Husserl (1859-1938): „Jedes Zeichen ist Zeichen für etwas, aber nicht jedes hat eine ‚Bedeutung', einen ‚Sinn', der mit dem Zeichen ausgedrückt ist." (23)

Zwar haben sprachliche Zeichen mit den „natürlichen Zeichen", die Husserl hier „Anzeichen" nennt, eben dies gemeinsam, dass sie *auch* als Anzeichen fungieren:

*Zeichen als Anzeichen*

> „Alle Ausdrücke fungieren in der kommunikativen Rede als Anzeichen. Sie dienen dem Hörenden als Zeichen für die ‚Gedanken' des Redenden, d.h. für die sinngebenden psychischen Erlebnisse desselben, sowie für die sonstigen psychischen Erlebnisse, welche zur mitteilenden Intention gehören." (Husserl 1913, 33)

Was man als diese Bedeutung verstehen kann, werden wir aber nicht mit der (komplexen) Philosophie von Husserl selbst zu beantworten versuchen, sondern vermittels eines theoriegeschichtlich aufgebauten Durchgangs durch die wichtigsten Stationen der Bedeutungstheorie so, wie sie auch innerhalb der Linguistik Einfluss ausgeübt haben.

**Zeichentypen**     Abschließend zu dem kleinen Durchgang durch Positionen der klassischen (vor-linguistischen) Zeichentheorie sei noch kurz auf die wichtigsten Zeichentypen eingegangen, die heute unterschieden werden. Zwar machen sich Linguisten meist wenig Gedanken über diese Typen, doch sind sie auch für eine linguistische semantische Theorie außerordentlich wichtig (wie vor allem Rudi Keller 1995 deutlich herausgearbeitet hat). Im Anschluss an Peirce (1.372) unterscheidet man heute zwischen drei Typen von Zeichen: Ikon, Index, Symbol.

Keller 1995 weist jedoch zu Recht darauf hin, dass man hier nicht von substanziellen Typen von zeichenhaften Objekten selbst ausgehen darf. Da jede Form der Interpretation (von Zeichen, Texten usw.) immer etwas mit Schlussfolgerungen (Inferenzen) zu tun hat, die Menschen auf der Grundlage ihres sprachlichen sowie enzyklopädischen Wissens aus dem Vorkommen bestimmter Objekte in ihrem Wahrnehmungsraum, die sie als Zeichen deuten, ziehen, schlägt Keller vor, statt „Zeichentypen" besser Typen von menschlichen Schlussfolgerungen (Typen der Interpretation) zu unterscheiden.

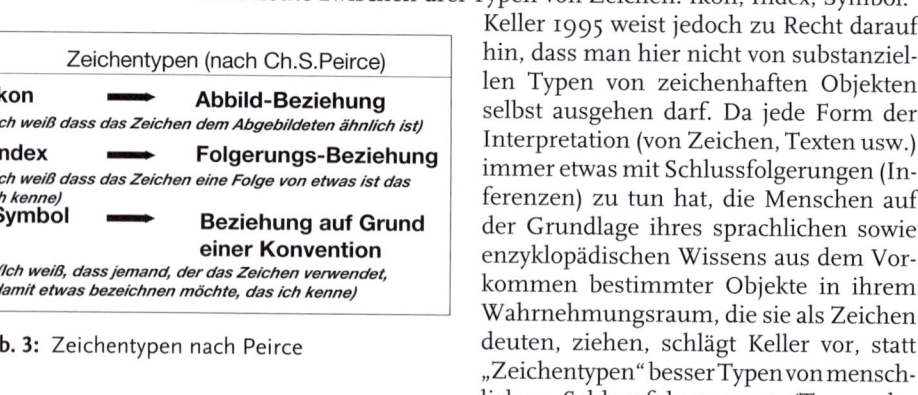

**Abb. 3:** Zeichentypen nach Peirce

Ikonische Interpretation erfolgt also aufgrund von Ähnlichkeits-Beziehungen. Bei einer indexikalischen Interpretation deuten wir Zeichen aufgrund von natürlichen Zusammenhängen (etwa Ursache – Wirkung, Teil – Ganzes). Die indexikalische Interpretation ist das Verfahren, das wir bei den sogenannten „natürlichen Zeichen" anwenden (wenn wir z.B. Rauch als verursacht durch Feuer deuten, also von dem gesehenen Rauch auf das nicht gesehene, aber von uns aufgrund unseres Wissens über natürliche Verhältnisse als dessen Ursache vermutete Feuer schließen). Bei symbolischen Zeichen, zu denen die Sprachzeichen in aller Regel gehören, schließen wir aufgrund einer Konvention der Zeichenverwendung, die wir kennen, auf die vermutlich gemeinte Bedeutung. Neben den normalen sprachlichen Zeichen, die wir ausschließlich symbolisch deuten, gibt es aber auch in der Sprache Phänomene, bei denen wir indexikalische oder gar ikonische Schlüsse vollziehen. Teilweise indexikalisch sind z.B. hinweisende Pronomina, womöglich geäußert in Verbindung mit einer Zeigegeste, wie „*dieser* Stuhl" usw. Teilweise ikonisch sind lautnachahmende Lautäußerungen wie „Wauwau" (doch spielen diese für die Möglichkeit von Sprache letztlich nur eine untergeordnete Rolle.)

1. Vergleichen Sie die Zeichendefinitionen von Locke, Leibniz und Port Royal und benennen Sie Unterschiede und Gemeinsamkeiten.
2. Welches sind die drei Zeichentypen, die in der Semiotik differenziert werden, und worin bestehen ihre Unterschiede?
3. Analysieren Sie ein Rauchverbotsschild zeichentypologisch.
4. Beschreiben Sie den Unterschied von „Zeichen" und „Anzeichen" nach Husserl.

*Aufgaben*

Lesen Sie zu einer ausführlicheren Geschichte des Zeichenbegriffs das Kap. 1 von Nöth (1985/2000), dem alle Zitate in 2.1 entnommen sind.

*Vertiefung*

## 2.2 Die linguistische Zeichentheorie von Saussure

Die erste im eigentlichen Sinne linguistische Theorie des Zeichens hat der Begründer der modernen Sprachwissenschaft, der Schweizer Ferdinand de Saussure (1857-1913) formuliert. Er definiert in einer Diktion, die stark an die Definition der Logik von Port Royal erinnert, das sprachliche Zeichen folgendermaßen:

*Ferdinand de Saussure (1857-1913)*

> „Das sprachliche Zeichen vereinigt in sich nicht einen Namen und eine Sache, sondern eine Vorstellung und ein Lautbild. Dieses letztere ist nicht der tatsächliche Laut, der lediglich etwas Physikalisches ist, sondern der psychische Eindruck dieses Lautes, die Vergegenwärtigung desselben auf Grund unserer Empfindungswahrnehmungen." (Saussure 1967, 77)

In dieser Definition drückt Saussure denselben Gedanken aus wie Husserl und Peirce, dass nämlich die grundlegende Zeichenrelation nur als Verbindung von zwei psychischen Akten aufgefasst werden kann, nämlich der Lautvorstellung und der Inhaltsvorstellung. Saussure redet daher vom Lautbild (*image acoustique*), welches der Vorstellung entsprechen solle. Damit sind beide Seiten des sprachlichen Zeichens allein psychische (bzw. kognitive) Größen: „Das sprachliche Zeichen ist also etwas im Geist tatsächlich Vorhandenes, das zwei Seiten hat: [Vorstellung und Lautbild; D.B.] [...] Diese beiden Bestandteile sind eng miteinander verbunden und entsprechen einander. [...] Ich nenne die Verbindung der Vorstellung mit dem Lautbild das Zeichen." (a.a.O. 78) Damit grenzt Saussure seinen Zeichenbegriff gegen solche Ansätze ab, die lediglich das materielle, physische Korrelat als Zeichen bezeichnet haben.

*beide Seiten des Zeichens sind psychisch*

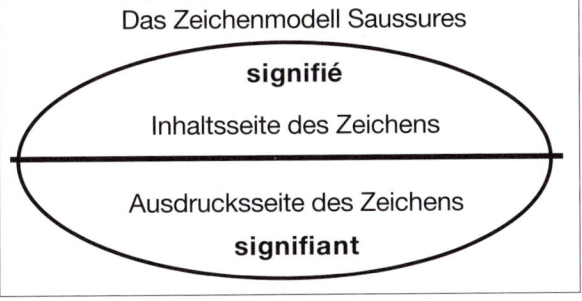

**Abb. 4:** Das zweiseitige Zeichenmodell Saussures.

Saussures
zweiseitiges
Zeichenmodell

Ebenso wie Husserl bezeichnet Saussure also das Ganze aus Vorstellung und Lautbild als Zeichen. Die zwei Seiten des Zeichens (*signe linguistique*) nennt er *Bezeichnendes* (*signifiant*), also das Lautbild, und *Bezeichnetes* (*signifié*), also die Vorstellung.

Linearität

Das so definierte sprachliche Zeichen hat nun für Saussure drei Grundeigenschaften: Die *Arbitrarität*, die mit der *Konventionalität* des Zeichens untrennbar verbunden ist, und die *Linearität*. Die Linearität wird bei den geschriebenen Sprachzeichen, der fortlaufenden Buchstabenkette, besonders anschaulich. Die Wichtigkeit dieses Grundprinzips für die Linguistik wird sofort deutlich, wenn man sich überlegt, dass die Linearität der Sprache es erzwingt, dass eine möglicherweise vieldimensionale Anordnung von Gedankeninhalten immer nur durch die eindimensionale lineare Anordnung einer Zeichenkette ausgedrückt werden kann. Diese Notwendigkeit der Umgestaltung eines vieldimensional Gegebenen in eine einzige lineare Dimension bedingt eine Vielzahl konkreter Einzeleigenschaften der Sprache: es fängt an damit, dass schon die Grundeinheit der Semantik, das Wort, eine lineare Kette aus mehreren Lauten darstellt. Sodann folgt daraus, dass in Sätzen die Teilgedanken immer nur hintereinander geäußert werden können. Die ganze komplexe Struktur der Syntax, z.B. die komplexen Reihenfolge- und Stellungsregeln, sind ein einziges Ergebnis der Notwendigkeit, komplexe vieldimensionale Inhaltsstrukturen in einer eindimensionalen Zeichenkette umzusetzen. Schließlich setzt sich das Problem der Linearität auf Textebene fort.

Arbitrarität

Das zweite Grundprinzip der sprachlichen Zeichen, die *Arbitrarität*, d.h. die prinzipielle Beliebigkeit oder besser Nicht-Natürlichkeit des sprachlichen Zeichens, hält Saussure für besonders wichtig.

> „Das Band, welches das Bezeichnete mit der Bezeichnung verknüpft, ist beliebig (arbitraire); und da wir unter Zeichen das durch die assoziative Verbindung einer Bezeichnung mit einem Bezeichneten erzeugte Ganze verstehen, so können wir dafür auch einfacher sagen: das sprachliche Zeichen ist beliebig." (Saussure 1967, 79)

Konventionalität

Beliebig, d.h. nicht-natürlich, ist die Beziehung der sprachlichen Ausdrucksseite zur Inhaltsseite eines Zeichens. Die Eigenschaft der Arbitrarität ist nach Saussure untrennbar verbunden mit der dritten Grundeigenschaft des Zeichens, der *Konventionalität*: „Tatsächlich beruht jedes in einer Gesellschaft rezipierte Ausdrucksmittel im Grunde auf einer Kollektivgewohnheit, oder, was auf dasselbe hinauskommt, auf der Konvention." Und er sagt zu den Zeichen: „Durch [...] Regeln, nicht durch die innere Bedeutsamkeit, ist man gezwungen, sie zu gebrauchen." (a.a.O. 80)

Dass Arbitrarität und Konventionalität des Zeichens untrennbar miteinander verbunden sind, ja, sogar als zwei Aspekte oder zwei Begriffe ein und desselben Sachverhaltes angesehen werden können, wird sofort deutlich: Wenn die Beziehung zwischen Lautbild und Vorstellung nicht natürlich ist, nicht von vornherein gegeben, dann

kann sie nur willkürlich sein; dann bedarf es aber auch einer Erklärung dafür, wie der tatsächlich bestehende enge Zusammenhang
zwischen beiden Seiten des Zeichens zustandekommt und aufrechterhalten wird. Dafür gibt es nun keine andere plausible Erklärung als:
durch menschliche Gewohnheiten, durch den Gebrauch in einer
Sprachgemeinschaft, der sich zu einer Gebrauchsregel verdichtet hat.
Diese Gebrauchsregel bezeichnet man mit dem Begriff „Konvention". (Wichtig: damit ist nicht gemeint: per Vereinbarung. Sprachliche
Konventionen sind vielmehr Ergebnis sozialer Prozesse, d.h. sie sind
das nicht bewusst und nicht intentional hervorgebrachte Ergebnis des
sozialen kommunikativen Verkehrs. Vgl. dazu Keller 1994, 83 ff.)

Saussure zieht aus dem konventionellen Charakter sprachlicher
Regeln die Schlussfolgerung, dass sich das sprachliche Zeichen immer im Spannungsfeld zweier Eigenschaften bewegt, nämlich   **Veränderlichkeit/**
*Unveränderlichkeit* und *Veränderlichkeit* des Zeichens. Als soziale Tat   **Unveränderlichkeit**
sache ist das Zeichen immer beides: veränderlich aus Prinzip und auf
lange historische Sicht gesehen; unveränderlich für das einzelne Mitglied einer Sprachgemeinschaft und auf einen konkreten historischen
Zeitpunkt bezogen. Saussure spricht in diesem Zusammenhang einen weiteren wichtigen Umstand an, der sich aus der Konventionalität des sprachlichen Zeichens notwendig ergibt: Wenn man von
dem *Zeichen an sich* spricht, dann redet man letztlich von einer theoretischen Fiktion. Als konkrete Erscheinung, als Phänomen, existieren die sprachlichen Zeichen immer nur in der unüberschaubaren
Zahl verschiedener, je nach Kontext und Situation abweichender Fälle des Gebrauchs einzelner Laut- oder Buchstabenfolgen. Dieser konkreten Gegebenheitsweise gegenüber ist *das Sprachzeichen an sich* nur   **Das Zeichen**
ein Ergebnis wissenschaftlicher Abstraktion. Allerdings ist es zu lin   **„als solches"**
guistischen Zwecken notwendig, diese Abstraktion vorzunehmen
und von dem Sprachzeichen *als solchem* zu reden.

Wir haben gesehen, dass in den zeichentheoretischen Modellen
sowohl bei Peirce als auch bei Husserl davon die Rede war, dass dem
Zeichen als einer idealen Einheit (Husserl) die konkreten Anwendungsfälle der Zeichen (Peirce) gegenüberstehen. In der neueren
Linguistik spricht man hier (nach Peirce CP 4.537) von dem Begriffspaar *type* und *token*, bzw. Muster und Anwendungsfall.

> **token/ Textzeichen** = das Zeichen bzw. Wort so, wie es in einem konkreten Text vorkommt,
> wie es tatsächlich verwendet wird;
> **type/ Systemzeichen** = das Zeichen als Element des von den konkreten Verwendungsweisen
> abstrahierten und abstrahierenden Sprachsystems.

Saussures Gedanke ist nun folgender: Die einzelne Verwendung   **type/ token**
eines Sprachzeichens (das *token*) ist immer nur ein einzelner Anwendungsfall, der das Muster als solches nicht verschieben kann. Das
Muster selbst besteht aber eigentlich nur aus der ununterbrochenen
Aneinanderreihung einzelner Akte der Musterbefolgung; d.h. kon

kret: einzelner Verwendungsfälle des Zeichens. So muss sich zwar der einzelne Sprecher stets an das vorgegebene Muster des abstrakten Sprachzeichens, d.h. an die Verwendungsregeln der Worte halten; langfristig gesehen kann es aber dadurch auch zu einer Verschiebung des Musters als solchem, und damit zu einer Veränderung des Sprachzeichens als *type*, als Regel, kommen. Dies liegt daran, dass kein Anwendungsfall eines Zeichens (kein *token*) dem anderen vollständig, in allen einzelnen Aspekten, gleicht. Immer gibt es eine bestimmte Abweichung. Kumulieren sich jedoch über einen längeren Zeitraum eine Vielzahl gleichgerichteter Abweichungen (die als reiner Einzelfall dem Muster noch nichts anhaben können), kann dies langfristig zu einer Veränderung des Musters führen. Es hat sich dann das Zeichen als solches, als *type*, d.h. als Element des abstrakten Sprachsystems, verändert.

Aus dieser Überlegung schließt Saussure: Gerade wegen der Arbitrarität und Konventionalität ist die Veränderlichkeit des Zeichens immer schon mitgegeben. Prinzipiell enthält jeder einzelne Verwendungsfall eines Zeichens schon den Keim der Veränderung in sich; real jedoch wirkt der durch die soziale Konvention des Zeichengebrauchs errichtete Zwang in aller Regel übermächtig auf den Einzelnen, der sich ihm nur teilweise entziehen kann.

**Aufgaben**  1. Wie definiert Saussure das sprachliche Zeichen?
2. Worin unterscheidet sich das Zeichenmodell der Semiotik von dem Zeichenmodell Saussures?
3. Was versteht man unter der Arbitrarität von sprachlichen Zeichen?
4. Was versteht man unter der Konventionalität von sprachlichen Zeichen? In welchem Verhältnis stehen Arbitrarität und Konventionalität zueinander?
5. Erläutern Sie die Begriffe *type* und *token* am Beispiel von sprachlichen Zeichen (Wörtern)

**Vertiefung**  Lesen Sie für eine ausführlichere Darstellung Saussure 1916/1967, 76 ff. und zu Saussure ergänzend ggf. in Scheerer (1980) nach.

## 2.3 Das definitorische Spiel der Semantiktheorien: Ersetzungskonzepte für „Bedeutung"

**Definitionen**  Nach der Klärung des allgemeinen Zeichenbegriffs wie der ersten spezifisch linguistischen Definition bei Saussure können wir uns nun den semantischen Theorien und Modellen im engeren Sinne zuwenden. Eine Theorie sollte als erstes immer versuchen, eine (möglichst zutreffende, möglichst plausible) Definition für ihren zentralen Gegenstand zu geben. Ein möglicher Zugang zu den verschiedenen semantischen Theorien (bzw. Bedeutungstheorien) kann daher über die Definitionen führen, mit denen der zentrale Gegenstand „Bedeutung" definiert wird. Was aber ist eine Definition? Eine Definition ist

ein Satz, der zu einem zu definierenden Begriff (dem *Definiendum*)
eine bestimmte (definierende, bzw. die Definition tragende) Erläuterung gibt (ein *Definiens*). Solche Sätze haben üblicherweise die Form:
„*(Ein) X ist ... (Y).*" D.h., ein zu erläuternder Begriff „X" wird dadurch
erläutert, dass zu diesem Begriff X ein anderer Begriff „Y" (oder
mehrere Begriffe „Y, Z ...n") eingeführt wird, in der Hoffnung, dass
damit klarer wird, was mit „X" genau gemeint ist.

In unserem Fall geht es um den Begriff *Bedeutung*. Definitionen
dieses zentralen Begriffs der Semantik können also die Form haben:
„ ‚Bedeutung' ist ..." (oder „Die ‚Bedeutung' ist ..."). Diejenigen Ausdrücke, die in solche definitorischen Sätze (jeweils als Definiens für
den zu definierenden Ausdruck „Bedeutung") eingesetzt werden,
nenne ich *Ersetzungskonzepte* – hier: Ersetzungskonzepte für den Begriff *Bedeutung*. Es ist symptomatisch für die fraglos festzustellende
Unübersichtlichkeit der (linguistischen, aber auch philosophischen,
logischen, psychologischen) Semantik, dass solche Konzepte in verwirrend großer Zahl existieren. Eine Übersicht nur über die wichtigsten üblichen Begriffe zur Bezeichnung des Phänomens „Wortbedeutung" ergibt mindestens folgende Liste:

**Übliche Bezeichnungen für Wortbedeutungen:**
- Bedeutung/ meaning
- Abbild
- Gedankeninhalt
- Sinn/ sense
- Vorstellung
- Idee/ ideas in the mind
- Begriff/ concept
- Inhalt
- thought or reference
- Bezeichnetes/ signifié

Ordnet man diese Begriffe und ergänzt sie durch Termini aus neueren linguistischen und philosophischen Bedeutungsmodellen,
kommt man zu etwa folgender Liste von *wissenschaftlichen* Ersetzungskonzepten für den Begriff „Bedeutung":

**Wissenschaftliche Ersetzungskonzepte für „Bedeutung"**
- Abbild/ Vorstellung
- Bezeichnetes/ signifié
- Begriff/ concept
- „Differenz", „Wert"
- Extension und Intension
- Merkmalbündel/-menge
(Inhalt und Umfang eines Begriffs/
- Stereotyp/ Prototyp
sense and reference)
- Gebrauch(sweise)
- Rahmen/frame, Schema (d.semant.Wissens)

Diese Liste von „Ersetzungskonzepten" ergibt das Minimum dessen,
was man vom Panoptikum der Bedeutungstheorien in einer Einführung wie dieser darstellen sollte, wenn man nicht nur, wie es leider
nur allzu häufig in Büchern, die Titel wie „Einführung in die Semantik" tragen, der Fall ist, einer einzigen (nämlich der vom Verfasser/
der Verfasserin jeweils favorisierten) Konzeption das Wort reden will,
sondern den Leserinnen und Lesern einen solchen Überblick über
die wichtigsten Bedeutungskonzeptionen vermitteln will, der sie

überhaupt erst in die Lage versetzt, beurteilen zu können, warum, und um was genau, auf dem Schlachtfeld der Semantik, das sicherlich nicht zufällig einer der Haupt-Kriegsschauplätze im „Krieg der Welten" sprachtheoretischer Weltanschauungen ist, eigentlich so erbittert gekämpft wird. Eine solche Übersicht zu vermitteln, ist daher auch das Ziel dieser Einführung.

*Theorien/ Schulen der Wortsemantik*  Sortiert man die Ersetzungskonzepte für „Bedeutung" grob nach der Reihenfolge ihrer erstmaligen expliziten theoretischen Ausformulierung (also in etwa der theoriegeschichtlichen Chronologie folgend), dann kommt man zu folgender Liste von Bedeutungstheorien, die man mindestens in einer Einführung wie dieser besprechen sollte:

**Die wichtigsten Theorien bzw. Schulen der Wortsemantik:**

- Begriffstheorien
- Vorstellungstheorien
- Logische Semantik
- Merkmal-/Komponentialsemantik
- Prototypen-/Stereotypensemantik
- Gebrauchstheorien
- intentionalistische Semantik
- kognitive Semantik

Diese Ansätze sollen nachfolgend (in aller für eine solche Einführung notwendigen Knappheit) in ihren Grundzügen dargestellt werden.

## 2.4 Traditionelle Semantik: Vorstellungs- und Begriffs-Theorien

*Begriff*  Für die traditionelle Semantik ist die Annahme der Existenz von „Begriffen" die Basis des ganzen theoretischen Bezugsrahmens. (So auch Lyons 1968, 408 – Noch in einer jüngeren Arbeit heißt es: „Semantik hat es wesentlich mit ‚Begriffen' zu tun." Stechow 1988, 3.) *Bedeutung* wurde seit der Antike immer auf *Begriffe* bezogen; diese wurden mal als abstrakte Entitäten mit eigenem ontologischem Status begriffen (*ideai* bei Platon), oder als *Vorstellungen* (*ideas in the mind* bei Locke) auf geistige Tatsachen bezogen, und schließlich im Psychologismus des 19. Jahrhunderts zu *Gedankenbildern* und ähnlichem erklärt. (Vgl. zur Geschichte des „Begriffs"-Begriffs den instruktiven Artikel von Haller 1971, 780 ff.) Die Unterscheidung von „Begriff" und sprachlichem Zeichen geht ebenso auf Aristoteles zurück wie die Auffassung, dass „Begriff" nur solche Zeichen seien, die durch Definition bestimmt werden können. Seit Aristoteles werden „Begriff" und „Wort" (oder „Zeichen") als zwei eigenständige, unabhängig voneinander existierende Entitäten aufgefasst. Im Mittelalter verfestigte sich die dreiseitige zeichentheoretische Auffassung, wie sie im Zeichendreieck der Semiotik bis heute vorherrscht.

Von Boethius über Abälard bis Ockham sind Begriffe die natürlichen Zeichen der Dinge im Bewusstsein, die durch Wörter bezeichnet werden. Diese Auffassung kulminiert bei Locke als dem ersten „modernen" Zeichentheoretiker in der erwähnten Definition: „Die

Wörter vertreten also ihrer ursprünglichen oder unmittelbaren Bedeutung nach nur die Ideen im Geiste dessen, der sie benutzt." (Locke, An Essay Concerning Human Understanding, zitiert nach Nöth 1985, 25.) Hier – wie in allen zeichentheoretischen Konzeptionen – liegt das zentrale Modell der *Repräsentation* zugrunde, das letztlich auf der Idee einer (wie auch immer theoretisch gefassten) Adäquation von wahrgenommenem und bezeichnetem *Ding, Idee* (oder „Begriff") und *Zeichen* (oder „Wort", „Ausdruck") beruht. Folge dieser (erkenntnistheoretisch fragwürdigen) Adäquation ist, dass in der Begriffstheorie der Bedeutung (auch in ihren modernen Formen, wie etwa ihrer merkmalsemantischen Variante) eine ständige Vermischung von *Dingeigenschaften* und *semantischen* Merkmalen stattfindet. Bei Kant kommt dann die synthetisierende Leistung des Geistes ins Blickfeld, da bei ihm der Begriff „eine allgemeine Vorstellung dessen [ist], was mehreren Objekten gemein ist" (zitiert nach Haller 1971, 783.)

Die Sprachwissenschaft des 19. und beginnenden 20. Jahrhunderts beschäftigte sich zunächst nahezu ausschließlich mit Fragen des Bedeutungs*wandels*. Der Bedeutungsbegriff selbst verblieb innerhalb der Gleichung „Bedeutung = Begriff", wobei Begriffe psychologistisch als „Vorstellungen" oder „Vorstellungsbilder" im Bewusstsein der Sprachteilhaber aufgefasst wurden:

*Vorstellung*

> „Wir verstehen also unter usueller Bedeutung den gesamten Vorstellungsinhalt, der sich für den Angehörigen einer Sprachgenossenschaft mit einem Worte verbindet." Usuell bezeichnet das Wort für ihn „etwas Abstraktes, einen allgemeinen Begriff (blossen Vorstellungsinhalt an sich)". (Hermann Paul 1880, 75)

Ganz deutlich heißt es:

> „Bedeutungen sind Vorstellungen." Hecht (1888, zitiert nach Schippan 1972, 45)
> „Bedeutung des Wortes ist die Vorstellung, die ein Individuum mit diesem Wort verbindet." Wellander (1917 ff., zitiert nach Schippan 1972, 45)

Diese Bedeutungsauffassung setzte sich bruchlos fort bis in die 1970er Jahre, wo sie allmählich von strukturalistischen Konzeptionen in der Nachfolge Saussures überschattet (nicht jedoch völlig verdrängt!) wurde. So definiert noch im Jahr 1968 Kronasser:

> „Unter Inhalten von Lautformen hat man psychische Phänomene zu verstehen. [...] Das Wort aber ist ein Symbol, das psychische Erscheinungen vertritt, die rein psychischen Ursprungs sein können (Gefühle) oder Abbilder verschiedener Deutlichkeit von Gegenständen der äußeren und inneren Welt." (Kronasser 1968, 23)

Und in klar abbildtheoretischer Diktion heißt es bei Schippan:

> „Eine aktuelle Bedeutung ist eine sprachliche Größe, die als intersubjektiver Durchschnitt subjektiver Abbilder, als gesellschaftliche Invariante fungiert. Ihr Kern ist der sprachliche Begriff." (Schippan 1972, 71)

Probleme der
Begriffstheorie

Mit dieser (psychologistisch gefassten) Begriffstheorie der Bedeutung treten viele Probleme auf: Zunächst ist durch die verbale Ersetzung von *Bedeutung* durch *Begriff* allein noch kein Erkenntnisgewinn erzielt darüber, was Bedeutungen sprachlicher Zeichen eigentlich sind. Solange nicht *Begriff* seinerseits definiert wird, ist diese Gleichung keine Definition, sondern allein eine Ausflucht.

> Lyons (1980, 126) weist in einer Kritik des semantischen Konzeptualismus darauf hin, dass mit dem Terminus „Begriffsbildung" lediglich impliziert ist, dass wir in der Lage sind, diejenigen Objekte, auf die ein Wort korrekt angewendet wird, zu identifizieren. Er fügt hinzu: „So wie der Terminus ‚Begriff' von vielen Autoren über Semantik verwendet wird, ist einfach nicht klar, was damit gemeint ist."

Definitionen von *Begriff* finden sich zwar in der Philosophie, wo darunter seit Kant meist die synthetisierende Leistung des menschlichen Bewusstseins gefasst wird, welches gewisse Merkmale an den sinnlich wahrgenommenen Gegenständen abzieht und zu einem „Allgemeinbegriff" summiert; *Begriff* hat somit immer etwas zu tun mit Subsumtion, Einordnung von Gegenständen und Dingeigenschaften in begriffliche Hierarchien und Klassifikationen. Andererseits scheint aber die psychologistische Auffassung von Bedeutung als „Vorstellungsinhalt" weniger auf synthetisierende Leistungen des Bewusstseins abzuzielen, als auf reine Widerspiegelungen der fertig vorgefundenen außersprachlichen Realität in der Psyche der Menschen. Die reinste Form der Abbildtheorie, wie sie etwa in Wittgensteins *„Tractatus"* formuliert wird, bedarf allerdings keiner intermittierenden psychologischen Instanzen: Dort *ist* der bezeichnete Gegenstand die Bedeutung: „Der Name bedeutet den Gegenstand. Der Gegenstand ist seine Bedeutung." (3.203); „Der Satz ist ein Bild der Wirklichkeit." (4.01). (Wittgenstein 1915/1960)

Ein solcher zweiseitiger Zeichenbegriff ist schon eine Konsequenz aus den Problemen des dreiseitigen Zeichenbegriffs, der, da er außer den Bezugspunkten „Ausdruck" und „bezeichneter Gegenstand" eine dritte Größe („Bedeutung", „Inhalt", „Begriff", „Vorstellung") einführt, notwendig einen semantischen Platonismus impliziert, d.h. Bedeutungen zu quasi existierenden Entitäten hypostasiert. Dieser Platonismus ist auch nicht dadurch geheilt, dass man ihn in psychologistischen Termini fasst; von „Vorstellungen" oder „Bewusstseinsbildung" ist ebenso wenig klar wie von „Bedeutung" oder „Begriff", was man sich darunter eigentlich genau vorzustellen hat. Zudem ist ein psychologistischer Bedeutungsbegriff sprachwirklichkeitsfern, da er nicht erklären kann, wie, wenn Bedeutungen „Vorstellungen" sind (die ja notwendig privat sein müssen), überhaupt zwischenmenschliche Verständigung zustande kommen können soll.

> Lyons 1980, 126 weist für die Gleichsetzung von „Bedeutung", „Begriff" und „Vorstellung" darauf hin, dass es „keinen Beweis dafür [gibt], dass Begriffe dieser Art im alltäglichen Sprachverhalten irgendeine Rolle spielen."
> Außer der Introspektion gebe es keine andere Methode, um festzustellen, ob wirklich „Begriffe" die Produktion und das Verstehen von Äußerungen steuern.

Traditionelle Bedeutungstheorie bleibt daher bei der Gleichung „Bedeutung = Begriff (Vorstellung, Bewusstseinsbild)" stehen, ohne einer Klärung des Bedeutungsbegriffs (oder des Begriffsbegriffs) näher gekommen zu sein. Lyons (1983, 129) schlägt deshalb auch vor, in der Semantik auf den Terminus „Begriff" völlig zu verzichten.

In einer Definition von K.O. Erdmann (1900) wird aber der „begriffliche Inhalt" eines Wortes bestimmt als „der dingliche oder dingbestimmende Teil; es ist dies die Summe der konstitutiven Merkmale an den Dingen, Vorstellungen oder Begriffen" (nach Kronasser 1968, 56). Hier wird erstmals darüber nachgedacht, dass und wie Bedeutungen (Begriffe, Vorstellungen, Dinge) intern strukturiert sind. Statt aber zu klären, was „Bedeutungen", „Begriffe" oder „Vorstellungen" eigentlich sind wird einzig angeboten, dass sie etwas Gemeinsames haben, nämlich „konstitutive Merkmale". Dieser Aspekt wird in der wissenschaftsgeschichtlich auf die Vorstellungstheorien unmittelbar folgenden Logischen Semantik, insbesondere aber in der strukturalistischen „Merkmalsemantik" besonders hervorgehoben.

1. Was sind die Probleme einer Vorstellungstheorie der Bedeutung?      Aufgaben
2. Erläutern Sie das Verhältnis von „Vorstellung" und „Begriff" in den Konzeptionen der traditionellen Semantik?
3. Was versteht man unter einer „Abbildtheorie der Bedeutung"? Worin bestehen die Probleme einer solchen Konzeption?
4. Weshalb kann man sagen, dass die Bedeutungsdefinitionen der traditionellen Semantik zirkulär sind?

Lesen Sie für eine ausführlichere Darstellung der Vorstellungstheorien und der traditionellen Semantik Busse 2002.      Vertiefung

## 2.5 Logische Semantik: Extension und Intension

Die sprachtheoretische Position der „Logischen Semantik" geht wesentlich auf Überlegungen des Mathematikers und Logikers Gottlob Frege (1848-1925) zurück, die von zahlreichen Mathematikern, Logikern und Philosophen (beachtenswert v.a. Bertrand Russell (1872-1970) und das Frühwerk von Ludwig Wittgenstein (1989-1951) in seinem *Tractatus logico-philosophicus*) weiterentwickelt wurden. In der heutigen Form kreist sie um ein aus der logisch orientierten Sprachtheorie Rudolf Carnaps abgeleitetes Modell von „Begriffen", für die anhand der Kriterien von *Extension* (Begriffsumfang, bzw. Menge aller Gegenstände, auf die mit einem Begriff nach den Regeln der Sprache Bezug genommen werden kann) und *Intension* (Begriffsinhalt, bzw. Menge der inhaltlichen Merkmale, durch die ein Begriff spezifiziert ist) durch das Verfahren der Merkmalsbestimmung eine präzise Definition gegeben werden soll. Die sogenannte „Logische Semantik" ist also mit der logischen *Begriffs*theorie von Frege, Carnap und Nachfolgern weitgehend identisch. Auch heute noch wird von

Gottlob Frege
(1848-1925)

Rudolf Carnap
(1871-1970)

vielen Sprachphilosophen und Linguisten „Semantik" häufig mit logischer Semantik schlicht gleichgesetzt. Als Wort- bzw. Begriffs-Se-
mantik teilen die Ansätze der logischen Semantik all die Probleme,
die wortsemantische Modelle (wenn man sie zu den einzig möglichen
semantischen Theorien hypostasiert) auch in Linguistik und Philosophie haben.

Frege hatte ursprünglich den Terminus „Bedeutung" mit dem Gegenstand, auf den ein Zeichen verweist, gleichgesetzt. Das, was wir
in der Umgangssprache gewöhnlich mit „Bedeutung" meinen, hatte
er „Sinn" genannt (bei Russell „reference" und „sense").

> „Die Bedeutung eines Eigennamens ist der Gegenstand selbst, den wir damit bezeichnen; die
> Vorstellung, welche wir dabei haben, ist ganz subjektiv; dazwischen liegt der Sinn, der zwar nicht
> mehr subjektiv wie die Vorstellung, aber doch auch nicht der Gegenstand selbst ist." (G. Frege:
> Über Sinn und, Bedeutung. 1892, 26)

Der Logiker und Philosoph Carnap hat diese Unterscheidung von
Frege dann mit neuen, seither gültigen Termini formuliert. Er unterscheidet zwei Aspekte der Bedeutung eines sprachlichen Zeichens:

> **Extension** = Klasse (Menge) aller Gegenstände, auf die ein Ausdruck aufgrund seiner Intension
> angewendet werden kann
> **Intension** = z.B. Eigenschaften von Gegenständen (Dingeigenschaften, Begriffsmerkmale,
> Qualitäten) (nach: R. Carnap: Meaning and Necessity. 1956, 18)

Um nachvollziehen zu können, worin die Leistungen und die Nachteile der logischen Semantik bestehen (jedenfalls dann, wenn man
– wie auch viele Linguisten es tun – behauptet, dass sie sich als Ins-
trument zur Analyse von Wortbedeutungen in natürlichen Sprachen
eigne), muss man einen Blick werfen auf die Probleme, zu deren
Lösung dieses Modell ursprünglich entwickelt wurde.

Idealsprache    Logikern wie Frege und Carnap geht es um die Konstruktion einer
logischen Idealsprache, mit der die vagen Begriffe der Alltagssprache
durch exakte Begriffe ersetzt werden können. Es geht also in erster
Linie um die Lösung von Problemen der Logik (und nicht der Semantik natürlicher Sprachen).

> **Ausgangsfrage der logischen (Wort-)Semantik** (nach Carnap 1934, 7): Unter welchen Bedingungen
> kann der Ausdruck einer natürlichen Sprache durch einen Ausdruck einer Konstruktsprache so ersetzt
> werden, dass der Wahrheitswert des Satzes, in dem der Ausdruck vorkommt, unverändert bleibt?

Dabei geht Carnap – wie andere Vertreter einer Theorie der Idealen
Sprache – vom Ideal einer *vollständigen* Übersetzbarkeit normal-
sprachlicher Sätze in konstruktsprachliche Sätze aus. Konstruktspra-
chen sollen eine widerspruchsfreie, eindeutige und logisch durch-
konstruierte Wissenschaftssprache ermöglichen, die als notwendige
Bedingung exakter und mathematisch logisch überprüfbarer Er-

kenntnis angesehen wird. Das Problem, welches Carnap lösen will, ist also dasjenige, unter welchen Bedingungen ein Ausdruck einer natürlichen Sprache durch einen Ausdruck einer Konstruktsprache dermaßen ersetzt werden kann, dass der Wahrheitswert des Satzes, in dem der Ausdruck vorkommt, unverändert bleibt.

*Wahrheitswert*

Das zur Begründung der Unterscheidung von *Extension* und *Intension* herangezogene Paradebeispiel findet sich schon bei Frege 1892, der festgestellt hatte, dass die Wörter *Abendstern* und *Morgenstern* zwar auf denselben Gegenstand der Welt, nämlich den uns unter dem Namen *Venus* bekannten Planeten, verweisen, aber dennoch nicht völlig bedeutungsidentisch sind, da es ja sonst keinen Grund gebe, zwei Wörter (statt eines einzigen) zur Bezeichnung zu haben. Frege reagiert mit dieser Unterscheidung also auf ein „hausgemachtes" Problem seiner Theorie (nämlich die kontra-intuitive Gleichsetzung von „Bedeutung" mit „Gegenstand, auf den das Wort verweist").

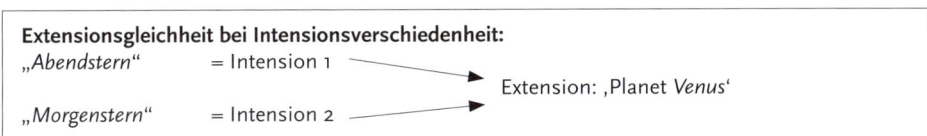

**Extensionsgleichheit bei Intensionsverschiedenheit:**
„*Abendstern*" = Intension 1
Extension: ‚Planet *Venus*'
„*Morgenstern*" = Intension 2

Während die *extensionale* Ersetzbarkeit (eines Ausdrucks einer natürlichen Sprache durch einen Ausdruck einer Konstruktsprache) logisch und definitorisch unproblematisch ist, muss zur Definition der *intensionalen* Ersetzbarkeit zusätzlicher Begründungsaufwand erfolgen. *Intensionen* sollen aus „Eigenschaften" bestehen. „Eigenschaften" sind nach Carnap dann identisch, wenn Prädikate, die sie bezeichnen, logisch äquivalent sind (also untereinander ausgetauscht werden können, ohne dass sich etwas am Wahrheitswert ändert); d.h. wenn mit logischen Mitteln gezeigt werden kann, dass, was immer die Eigenschaft x hat, auch die Eigenschaft y hat (Carnap 1956, 18). Intensionen von Prädikatoren sind für Carnap also etwas, das logisch äquivalente Prädikatoren gemeinsam haben. Damit ist noch nichts darüber ausgesagt, worin diese Gemeinsamkeit besteht, noch, was diese Intensionen sind; d.h. logische Äquivalenz kann konstatiert werden, ohne überhaupt auf außersprachliche Tatsachen Bezug nehmen zu müssen.

*Intensionen*

Wenn Intensionen über „Eigenschaften" definiert sind, dann kommt es auf die Klärung dieses Begriffs an. Carnap gesteht zu, dass er den Terminus *Eigenschaft* (*property*) sehr vage gebraucht. Er soll synonym sein „mit Worten wie ‚Qualität', ‚Merkmal', ‚Charakterzug' in ihrem gewöhnlichen Gebrauch", und „in einem sehr weiten Sinne verstanden" werden (Carnap 1956, 19f.). Eigenschaften dürfen nicht mit sprachlichen Ausdrücken gleichgesetzt werden, vielmehr sind sie das, „was durch einen Prädikator ausgedrückt wird". Carnap setzt die „Eigenschaften" im Sinne einer Intension weitgehend mit den „Eigenschaften von Dingen" gleich, verstanden als „etwas Physikalisches,

*Eigenschaften*

das die Dinge haben, eine Seite oder einen Aspekt oder eine Komponente oder ein Merkmal des Dings" (Carnap 1956, 20).

**Zirkularität**

Diese Umschreibung zieht den Verdacht eines erkenntnistheoretischen Realismus auf sich (also die Auffassung, wonach sprachlich gefasste Erkenntnis die Dinge der Welt so wiedergibt, „wie sie sind"). Zudem ist eine auf dem so gefassten Begriff „Eigenschaft" beruhende Konzeption der Semantik in sich zirkulär. Nach Carnap soll „die Methode von Extension und Intension" eine „neue Methode für die semantische Analyse von Bedeutung" darstellen (Carnap 1956, III). Die Extension eines sprachlichen Zeichens kann aber ohne Kenntnisse über seine Intension nicht ausgefüllt werden. (Aus diesem Grund hat Carnap die von ihm in früheren Werken vertretene Konzeption einer rein extensionalen Semantik verworfen.)

**Extensionen**

*Extensionen* werden in normalen Bedeutungsbeschreibungen über Beispiele für Gegenstände, auf die das Wort angewendet werden kann, erfasst. (Ein ideales „extensionales" Wörterbuch ist daher ein Bildwörterbuch.) Intensionen werden über eine semantische Beschreibung der Eigenschaften der Gegenstände, auf die das Wort verweist (oder der Bedeutung des Wortes) erfasst, wie Abb. 5 anzeigt. Soweit die von einem Wort bezeichneten Gegenstände noch einigermaßen in ihrer äußeren Gestalt ähnlich sind, kann man sich eine praktische Anwendung des logisch-semantischen Bedeutungsmodells von *Extension* und *Intension* sogar noch in etwa vorstellen. Schwierig wird es aber bei solchen Wörtern, die sich auf von ihrer physischen Gestalt her sehr unterschiedliche Arten von Gegenständen beziehen. (Siehe Abb. 6) Für solche Wörter, die sog. „Abstrakta", kann man sich eine sinnvolle Anwendung des Modells der Logischen Semantik nach Carnap schon sehr viel schwieriger vorstellen.

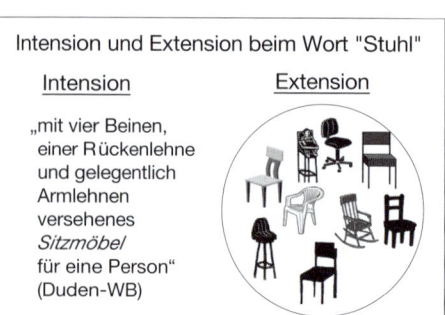

**Abb. 5:** Intension und Extension bei Konkreta

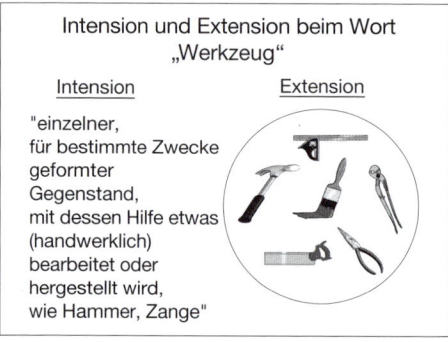

**Abb. 6:** Intension und Extension bei Abstrakta

Intensionen beziehen sich nach Carnap auf *Eigenschaften*. Eigenschaften sind das, was mit einem Prädikator ausgedrückt wird. ‚Was mit einem Prädikator ausgedrückt wird' nennt man landläufig seine *Bedeutung*. Das Erklärungsmodell von Carnap ist also zirkulär: das, was erklärt werden sollte, die ‚Bedeutung' steht als Begründungsmoment (Explicandum) wieder am Ende der Argumentationskette. Zudem enthält die Bindung der Extension an die Intension bei Carnap ein weiteres Erklärungsdefizit. Nur wenn ich ohnehin schon weiß, welche Begriffsmerkmale ein Ausdruck aufweist, kann ich die Gegenstände in der außersprachlichen Wirklichkeit identifizieren, auf die sich der Ausdruck bezieht (die seine *Extension* ausmachen).

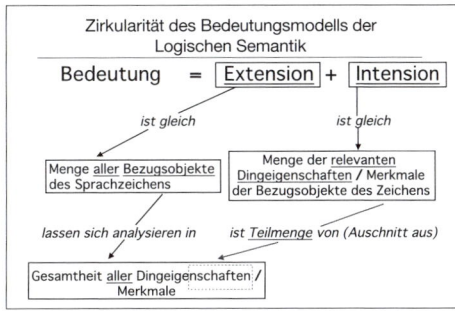

**Abb. 7:** Zirkularität der Logischen Semantik

Eine Carnap-Semantik ist also ungeeignet als Methode des *Erschließens* von Wortbedeutungen, da eine solche Methode gerade leisten müsste herausfinden zu helfen, auf welche Extension ein Wort aufgrund seiner Intension anwendbar ist. Eine Carnap-Semantik setzt aber dasjenige, das gerade herausgefunden werden soll (nämlich welche Intensionen bzw. Eigenschaften eine sprachliche Ausdrucksseite – als die das Zeichen dem Interpreten zunächst gegenübersteht – meint) schon voraus. Wie sprachliche Ausdrücke zu ihren Intensionen kommen, wird dort nämlich nicht erklärt. Vielmehr wird das Wissen darum, auf welche Dingeigenschaften sich ein Ausdruck bezieht, stillschweigend vorausgesetzt. Damit wird aber eine zentrale Bedingung für eine Bedeutungstheorie, die diesen Namen wirklich verdiente, nicht erfüllt. Mit Bickes (1984, 56): „Es sieht ganz so aus, als ob eine Wahrheitstheorie nur deswegen als Bedeutungstheorie auftreten kann, weil unexpliziert Wissen vorausgesetzt wird, das nicht gerechtfertigt bzw. erklärt wird."

Im Bedeutungsmodell der Logischen Semantik werden *Bedeutungen* sprachlicher Zeichen über den Terminus *Intension* umstandslos mit „Begriffen" gleichgesetzt. Begriffe werden also nicht als sprachliche Zeichen mit einer Ausdrucks- *und* einer Inhaltsseite definiert, sondern als abstrakte Entitäten. Zum anderen stehen Bedeutungen sprachlicher Zeichen qua Intensionen in einer direkten Beziehung zu Bezugsgegenständen, auf deren Dingeigenschaften sie sich beziehen; intensionale Semantik ist nämlich qua definitionem *Merkmal*semantik.

Nähme man die Bedeutungs-Definition der Logischen Semantik ernst, dann wären semantische Merkmale mit den Dingeigenschaften identisch; mit einer solchen Theorie könnte nicht mehr zwischen *Bedeutung* (einem Aspekt eines Zeichens) und *Ding* unterschieden werden. Wenn die Bedeutung eines Zeichens mit der (vorsprachlichen) Dingeigenschaft identisch ist, dann ist die Sprache reduziert auf die reine Widerspiegelung der Welt; eine eigenständige Leistung der Sprache gäbe es nicht, Sprache und Welt wären letztlich sogar identisch. Offensichtlich bezieht sich Carnap mit seiner Bedeutungstheorie auf das (naive) Modell einer vorgedeuteten Welt, in der die Beziehungen sprachlicher Ausdrücke auf die in ihren Intensionen widergespiegelten Dingeigenschaften vorab bekannt sind.

Wenn Prädikate und ihre Bedeutungen in einer direkten, unvermittelten Referenzbeziehung auf physikalische Dingeigenschaften zurückgeführt werden sollen, dann müsste die Referenzrelation (d.h. eine extensionale Beziehung) die Bedeutung natürlich-sprachlicher Ausdrücke erschöpfend bestimmen können. Ausgangspunkt der Erweiterung einer rein extensionalen Theorie um eine intensionale Komponente war jedoch gerade das Problem der Differenz der Intensionen bei identischer Extension. (Siehe Freges Beispiel der Ausdrücke *Abendstern* und *Morgenstern*, die beide denselben Planeten bezeichnen.) D.h. es gibt Intensionen, die sich nicht aus den Extensionen allein erschließen lassen. Was dieses „mehr" an Bedeutung (über die Referenz auf Einzeldinge außersprachlicher Welten oder ihre Mengen hinaus) eigentlich ausmacht (und wie es herausgefunden werden kann), darüber schweigen sich Carnap und andere Vertreter der Logischen Semantik aus. Die in der Logischen Semantik vertretene Theorie ist also eine reine Referenztheorie, die nichts über „Bedeutungen" im allgemeinen, linguistischen Sinne aussagt; was „Bedeutung" im Sinne natürlicher Sprachen ist, muss also erst herausgefunden werden. Dies aber zeigt, dass eine auf der Bestimmung von Extensionen und Intensionen beruhende Theorie für die Zwecke der semantischen Analyse natürlicher Sprachen nicht ausreichen kann. Sähe man von der Problematik des Carnapschen Intensions-Begriffs ab, und setzte man für *Intension* den Terminus *Bedeutung*, dann käme die akzeptable Aussage heraus: ‚*Die Bedeutung eines Ausdrucks bestimmt seine Extension*' oder m.a.W.: ‚*Weiß ich, welche Bedeutung der Ausdruck hat, dann weiß ich auch, auf welche Gegenstände (Fälle) ich ihn anwenden kann*'. Diese Aussage ist aber eine schlichte Trivialität. Sie führt uns nur auf den Ausgangspunkt zurück, nämlich die zu klärende Frage, was Bedeutung ist und wie (mit welchen Mitteln, aufgrund welcher Kriterien) Wortbedeutungen konkret bestimmt werden können.

Wir haben gesehen, dass Carnaps Semantik die zentrale Frage, wie man von der Intension eines Ausdrucks auf dessen Extension schließen kann, unbeantwortet lässt, indem sie die Beziehung Intension – Gegenstand als gegeben (und bekannt) bereits voraussetzt. Mit anderen Worten, nur wenn ich weiß, auf welche Gegenstände (oder Eigenschaften an Gegenständen) sich ein Zeichen bezieht, weiß ich auch, welche „Eigenschaften" seine Intension bestimmt. Wir haben also das Resultat, dass die Extensionen von Zeichen durch die „Intensionen" festgelegt sein sollen, andererseits aber die Intensionen „bestimmt" werden durch die Extensionen. Dies nennt man eine zirkuläre Erklärung; eine solche Erklärung erklärt aber überhaupt nichts. Die Unterscheidung der Bedeutung sprachlicher Zeichen in Intensionen und Extensionen (in dieser Fassung) erklärt also nur wenig, jedenfalls nicht das, was wir in der Alltagssprache (und in der normalen, nicht-formalen Linguistik) „Bedeutung" nennen.

Aufgaben    1. Was ist die Ausgangsfrage der Logischen Semantik?

2. Was versteht man in der Logischen Semantik unter einem *Wahrheitswert*?

3. Erläutern Sie die Begriffe *Intension* und *Extension* und welche Aspekte der Bedeutung damit unterschieden werden sollen.

4. Erklären Sie das Vorgehen bei einer „extensionalen Bedeutungsbestimmung".
5. Worin besteht demgegenüber eine „intensionale Bedeutungsbestimmung?
Zu Grundlagen der Logischen Semantik siehe Löbner 2003, Kap. 4.          Vertiefung
(80-115); kritisch zur Logischen Semantik vgl. Wolski 1980, Kap. 2.2.

## 2.6 Merkmalsemantik und Komponenten-Theorie

Wissenschaftsgeschichtlich schloss sich an die Logische Semantik die          Begriffstheorie
sogenannte Merkmal- oder Komponenten-Semantik an. Der *Merk-*
*mals*begriff kommt ursprünglich aus der klassischen Begriffslogik
und deren Einteilung der Welt nach den Kriterien *genus proximum*
und *differentia specifica*; die *Merkmalsemantik* (oder *Komponentialse-*
*mantik*) könnte daher – zumindest in einigen der angebotenen Ver-
sionen – auch als eine moderne Variante der Begriffstheorie der
Bedeutung bezeichnet werden. (So auch Lyons 1980, 327.) Die Tatsache, dass die Begriffslogik (der es um Hierarchien und Klassifikationen geht) eigentlich eine Theorie der Begriffsdefinition ist, zeigt,
dass der Begriffs-Begriff, und mit ihm der daraus abgeleitete Begriff
der „(konstitutiven) Merkmale", ein Beschreibungsbegriff ist. Mit der
Gleichsetzung von *Bedeutung* und *Begriff* in der traditionellen Semantik ist nämlich für die konkreten sprachwissenschaftlich interes-
santen Probleme der Bedeutungs*erklärung* noch gar nichts gewonnen; das Problem ist nur auf das Gebiet der „Begriffe" verschoben
worden, für die nun geklärt werden muss, wie sie „gefunden" bzw.
expliziert werden können.
    Auch die psychologische Konzeption der „Vorstellungen" / „Bewusst-          Semantische
seinsbilder" setzt nur *eine* Chiffre für eine *andere* ein und taugt daher          Merkmale
nicht als Kriterium für die Beschreibung von Wortbedeutungen. Ein
solches Kriterium, das zudem geeignet sein soll, die Bedeutung von
Sprachzeichen intern zu differenzieren und zu strukturieren, soll nun
der Begriff der *semantischen Merkmale* liefern. Es erstaunt deshalb
nicht, dass die „Merkmal-" oder „Komponenensemantik" am Schnitt-
punkt zwischen traditioneller, begriffsverhafteter, und moderner,
strukturalistischer Semantik steht. „Bedeutung" ist in dieser Auffassung „ein Komplex semantischer Merkmale"(Schippan 1972, 29).

> Bei Brekle (1972, 55) wird der Bezug der Merkmalsemantik zur Begriffstheorie der Bedeutung be-
> sonders deutlich: „Wir wollen als Bedeutung eines sprachlichen Zeichens [...] eine Menge begriff-
> licher Merkmale [verstehen]. Man kann nun sagen, dass ein Begriff oder ein Begriffskomplex dann
> als Bedeutung eines sprachlichen Zeichens aufzufassen ist, wenn dieser Begriff [...] in eindeutiger
> Weise mit einer bestimmten materiellen Zeichenform [...] verknüpft ist."

Die vorstrukturalistische Sprachwissenschaft hat das *Wort* „als kleinsten, relativ selbständigen Bedeutungsträger" (Schippan 1972, 28)

aufgefasst. Diese Auffassung spiegelt sich noch im bilateralen Zeichenbegriff des meist als Begründer des Strukturalismus angesehenen Saussure: Für ihn ist das einzelne Zeichen die kleinste Einheit im sprachlichen System, das in sich in die Aspekte *Ausdruck* (*signifiant*) und *Bedeutung* (*signifié*) zerfällt, die sich zueinander verhalten wie zwei Seiten eines Blattes Papier (Saussure 1967, 134). Für Saussure bestand die entscheidende semantische These darin, dass das einzelne Zeichen seine Bedeutung aus dem „Wert", d.h. der Stellung bezieht, den es innerhalb des Systems aller Sprachzeichen einnimmt. D.h. für ihn bestand das strukturalistische Moment des Zeichenbegriffs darin, von der isolierten Betrachtung von Einzelzeichen (wie sie in der traditionellen Semantik vorherrscht) Abschied zu nehmen und stattdessen die Bedeutung von Zeichen aus ihrer differentiellen Bestimmung in den strukturierten Gefügen von Zeichensystemen zu erklären.

> Bei Saussure 1967 ist die Sprache „nichts anderes als ein System von bloßen Werten" (132); bei ihr „dreht sich alles um Gleichheiten und Verschiedenheiten" (129) – „Die Werte [sind] etwas vollständig relatives." (135) – „Die Sprache [ist] ein System, dessen Glieder sich alle gegenseitig bedingen und in dem Geltung und Wert des einen nur aus dem Vorhandensein des anderen sich ergeben." (136 f.) – „In der Sprache wird, wie in jedem semeologischen System, ein Zeichen nur durch das gebildet, was es Unterscheidendes an sich hat." (145)

Die „Bedeutung" eines Zeichens wird dann gleichgesetzt mit den „Sinnrelationen", die zwischen einem Zeichen und (potentiell: allen) anderen Zeichen eines Zeichensystems (d.h. einer Sprache) bestehen.

> Vgl. statt anderer Lyons 1968, 443: „Der Sinn einer lexikalischen Einheit kann definiert werden als [...] identisch mit dem Set von Beziehungen, die zwischen der fraglichen Einheit und anderen Einheiten desselben lexikalischen Systems bestehen."
> Ähnlich auch Schippan 1972, 47: „Die Bedeutung ist determiniert [...] durch die systemhaften Beziehungen in der Sprache, die wechselseitige Abhängigkeit und Begrenzung der Bedeutungen." (s.a. 221). (Vgl. auch Brekle 1972, 22; Benveniste 1974, 320; Wunderlich 1981, 274 f.; Lyons 1983, 146; Wolski 1980, 48.)

„Semantik" ist dann gleichbedeutend mit der Bestimmung der „semantischen Relationen des lexikalischen Systems einer Sprache" (Schippan 1972, 15). Jedoch reichte die (bei Saussure durch sein „Differenz"-Konzept des Zeichens angelegte) Bestimmung der Bedeutung eines Zeichens als „Wert" (Position) in einem System den Strukturalisten bald nicht mehr aus; vor allem erschien ihnen die Auffassung des Zeichens als kleinste semantische Einheit bei Saussure nicht als konsequente Durchführung des Strukturalismus.

Bedeutungsstrukturen      Die eigentliche „strukturalistische Semantik" hat deshalb die Bedeutung des einzelnen Sprachzeichens (Wortes) selbst als in sich strukturiert aufgefasst. So Greimas (1971, 15): „Die Sprache ist nicht ein System von Zeichen, sondern ein Verband von Bedeutungsstrukturen." D.h. sowohl der System- als auch der Struktur-Aspekt von Saussures Sprach-Theorie wurde in das Zeichen selbst hinein verlegt.

> So statt anderer Schippan 1972, 59: „Wir betrachten die Bedeutungen der Wörter als Komplexe (Bündel) semantischer Merkmale oder Elemente." Vgl. auch 220 f.
> (In Schippan 1983, 284 ersetzt die Verf. „Bündel" durch „Mikrosysteme".)

Diese Weiterführung des Strukturalismus auch auf semantischer Ebene wurde begründet durch Martinets These von der „double articulation", der doppelten Gliederung der Sprache, d.h. der Auffassung, dass der phonologischen Gliederung der Einzelzeichen auf der Lautebene eine ebensolche Gliederung auch auf der Inhaltsebene entspreche. Zeichen sind nunmehr als in sich strukturierte Mengen semantischer Merkmale aufgefasst (sozusagen strukturelle Minisysteme).

*Bedeutungen als Minisysteme*

> Wiegand/Wolski 1980, 202 bezeichnen diese strukturalistische These (die sie auf Greimas 1971 zurückführen) als das „*Semsystem-Postulat*: Die semantische Struktur einer Sprache artikuliert sich als System von interferierenden Semsystemen." („Sem" meint hier semantische Merkmale als kleinste semantische Einheiten unterhalb der Wortebene.) – Diesem Postulat entspricht hinsichtlich des Problems der Beschreibung von Bedeutungen das auf Hjelmslev zurückgehende *„Mikrostruktur-Postulat*: Analysen von Zeicheninhalten gelten als abgeschlossen, wenn die ermittelten Inhaltsfiguren durch Angabe von Relationen strukturiert sind."

Kleinste semantische Einheit ist nun also nicht mehr das *Wort* sondern das *semantische Merkmal* (die semantische *Komponente, Sem*).

> Vgl. zu Martinet die Ausführungen bei Brekle 1972, 46 und Barthes 1979, 34.
> Lyons 1983, 332 hält diese Übertragung des von Trubetzkoy entwickelten phonologischen Prinzips auf die Semantik (erstmals durch Hjelmslev und Jakobson, später u.a. durch Greimas und Coseriu) für problematisch; der Binarismus, d.h. die in der Phonologie entwickelte Art der Merkmalnotation (markiert vs. unmarkiert, d.h.: „Merkmal liegt vor"/ „liegt nicht vor") führe in der Semantik zu einer Beliebigkeit der Zuschreibung von Merkmalen zu Lexemen (beispielsweise könne nicht entschieden werden, ob Lexemen wie *Bulle* und *Kuh* die Merkmale „+/- männlich" oder „+/- weiblich" zugeschrieben werden sollen.) – Wiegand/Wolski 1980, 208 halten die Analogiehypothese zwischen Phonologie und Semantik für überholt. Nach Wolski 1980, 46 trägt in der Semantik – im Gegensatz zum Vorbild Phonologie – „die Ermittlung semantischer Merkmalmengen weitgehend spekulativen Charakter." Vgl. dazu auch Lutzeier 1985, 92, 94 und Schippan 1972, 214.

Semantik wird damit zur „*Merkmal*semantik" oder „*Komponenten*analyse". Die „Bedeutung" eines Wortes (oder Lexems) wird dann betrachtet als eine „Struktur aus begrifflichen Inhaltselementen und Relationen zwischen diesen" (Wiegand 1973, 29).

> Lyons 1980, 327 nimmt an, „dass die Mehrheit der strukturellen Semantiker heutzutage die eine oder andere Version der Komponentenanalyse vertritt" und charakterisiert diese Position so: „Dieser Ansatz zur Beschreibung der Bedeutung von Wörtern und Ausdrücken beruht

auf der These, dass die Bedeutung eines jeden Lexems aufgrund einer Menge allgemeiner Begriffskomponenten (oder semantischen Merkmale) analysiert werden kann, von denen einige oder alle mehreren verschiedenen Lexemen im Wortschatz angehören. Insoweit die Komponentenanalyse mit dem Konzeptualismus verbunden ist, kann man sich die Bedeutungskomponenten (für die es bisher keinen allgemein akzeptierten Terminus gibt) als atomare und die Bedeutungen bestimmter Lexeme als molekulare Begriffe vorstellen." Er fügt hinzu: „Diese Annahme ist fragwürdig." (338)

Dieser Bedeutungsauffassung liegt implizit das auf Hjelmslev zurückgehende „Analysierbarkeits-Postulat" zugrunde:

**„Analysierbarkeits-Postulat" der Merkmal-Semantik (nach Hjelmslev):**
„Inhalte minimalsignifikativer Sprachzeichen sind restfrei zerlegbar."
(Wiegand/Wolski 1980, 206)

Dieses beinhaltet nicht nur, dass Bedeutungen sprachlicher Zeichen in kleinere Bestandteile zerlegbar seien, sondern auch, dass diese Zerlegung *restfrei* möglich sei, d.h. dass es möglich sei, durch Merkmalsangaben die Bedeutung eines Wortes vollständig zu rekonstruieren.

Lutzeier (1985, 92) zitiert diese Auffassung nach Bendix: „Eine minimale Definition der Bedeutung einer Einheit soll eine Feststellung der semantischen Komponenten sein, die notwendig und hinreichend sind, um die Bedeutung in paradigmatischer Hinsicht von den Bedeutungen aller anderen Einheiten in der Sprache zu unterscheiden."

| **Merkmalsmatrix als Beschreibung** | | | | | |
|---|---|---|---|---|---|
| Merkmal / Wort | Lebewesen | menschlich | erwachsen | männlich | verheiratet |
| *Mann* | + | + | + | + | + |
| *Frau* | + | + | + | - | + |
| *Fräulein* | + | + | + | - | - |
| *Mädchen* | + | + | - | - | - |
| *Junge* | + | + | - | + | - |
| *Junggeselle* | + | + | + | + | - |

**Abb. 8:** Merkmalsmatrix

Lutzeier charakterisiert dies zu Recht als „ein Riesenprogramm schon vom Ansatz her" und karikiert es zugleich mit dem Hinweis darauf, dass die Praxis der Merkmaldifferenzierung ja nicht mit ganzen Zeichensystemen, sondern meist mit der kleinsten möglichen Zeichenmenge, den Minimalpaaren aus zwei benachbarten Wörtern, operiere. Eine Bedeutungsbeschreibung nach dem Modell der Merkmal- bzw. Komponenten-Semantik wird meist durch die Angabe von binär markierten („+" für „Merkmal ist gegeben", „–" für „Merkmal ist nicht gegeben") semantischen Merkmalen verdeutlicht. Die Bedeutung (Lesart) eines Wortes wird aufgefasst als das „Bündel der Merkmale", in die sie zerlegbar ist. Gerne wird ein solches Merkmalsbündel im Vergleich von semantisch benachbarten Wörtern (die also demselben Wortfeld angehören) demonstriert. Ein dabei häufig benutztes Darstellungsmittel ist die sog. „Merkmalsmatrix". (Siehe Abb. 8)

---

**Grundannahmen der Merkmal-Semantik:**
- These der „doppelten Gliederung" des sprachlichen Zeichens (A.Martinet):
  Ausdrucks- und Inhaltsseite eines Wortes sind in sich gegliedert.
- Analysierbarkeitspostulat (L.Hjelmslev):
  Die Bedeutungen sprachlicher Zeichen sind in kleinere Bestandteile zerlegbar.
- These der vollständigen Beschreibbarkeit (Exhaustivitätsprinzip):
  Eine merkmalsemantische Zerlegung ist restfrei (exhaustiv) möglich
- Die Bedeutung eines Wortes ist eine Art „strukturelles Minisystem":
  Eine Struktur aus begrifflichen Inhaltselementen und den Relationen zwischen diesen.

---

Diese Ideal-Konzeption der strukturalistischen Merkmalsemantik wirft mindestens drei Fragen auf:

*(a)* *Welchen Charakter (Status) haben die semantischen „Merkmale"* *(„Komponenten", „Seme", „Markers" usw.)?*

Die Merkmalstheorie ist nicht zuletzt so beliebt in der jüngeren Se- Status semantischer
mantik, weil diese Konzeption mit unterschiedlichsten Definitionen Merkmale umstritten
ihres Basis-Terminus aufgefüllt werden kann. (So stellt Lutzeier 1985,
94 f. fest, dass der Status der Merkmale fraglich sei und sich darüber
selbst die Vertreter der Merkmalsemantik bis heute nicht einig sind.)
D.h. die ohnehin schon bestehenden bedeutungstheoretischen Grund-
auffassungen werden durch das Merkmals-Konzept nicht tangiert,
sondern schlicht auf dieses übertragen. So ist der Begriff des „semantischen Merkmals" sowohl mit vorstellungstheoretischen als auch mit
begriffstheoretischen Bedeutungsauffassungen kompatibel.

---

Z.B. bezeichnet Schippan 1972, 213 „Bedeutungselemente (semantische Merkmale) als Bewusstseinselemente", die „der unmittelbaren Beobachtung nicht zugänglich sind". – Andererseits schreibt Brekle 1972, 56: „Die Bedeutung eines sprachlichen Zeichens ist ein Komplex begrifflicher Merkmale, der mit einer bestimmten Zeichenform in einer festen sozialen Beziehung steht."

---

Zunächst einmal beruht die Merkmal-Analyse auf der Einsicht, dass
in manchen Wortreihen gewisse Wörter etwas gemeinsam haben; das,
was sie gemeinsam haben, wird als die „semantischen Merkmale"
bezeichnet. Dafür werden meist ähnliche Beispielreihen angegeben:
Z.B. können *Mann, Frau, Kind; Bulle, Kuh, Kalb; Hahn, Henne, Küken*
durch die Merkmale „+/ - *männlich*", „+/ - *weiblich*", „+/ - *erwachsen*"
unterschieden werden. Es kommt nun entscheidend darauf an, ob
man die (zunächst intuitiv gewonnenen) „Merkmale" – die ja selbst
wieder sprachlich formuliert werden müssen – lediglich als *Hilfsmittel*
*der Beschreibung* (eine Art *Metasprache*) versteht, oder annimmt, dass
sich Bedeutungen wirklich restfrei in Merkmale zerlegen lassen (Atomismus). Obgleich, wie Lyons (1980, 339) richtig festgestellt hat, kein
notwendiger Zusammenhang zwischen Merkmalsemantik und Begriffstheorie der Bedeutung (Konzeptualismus) besteht, fällt doch auf,
dass die meisten Anhänger die semantischen Merkmale als „atomare
Begriffe" auffassen (Lyons 1980, 327).

> So definierte Wiegand (1973, 32) die semantischen Merkmale folgendermaßen:
> „Semantische Merkmale sind solche begrifflichen Inhaltselemente, zu denen eine in die semantische Beschreibungssprache eingeführte, bestimmte sprachliche Notationsform besteht."

Damit wird die Merkmalsemantik in große Nähe zur Begriffstheorie und zu Systemen der Begriffs-Definition und -Klassifikation gerückt und teilt damit deren bereits dargestellte Probleme. Wiegands Definition läuft darauf hinaus, dass die „semantischen Merkmale" schlicht mit den Mitteln der linguistischen Beschreibungssprache gleichgesetzt werden (sog. „Metasprachen-Postulat" nach Greimas). Dies ist die plausibelste Version des Begriffs „semantisches Merkmal".

Eine andere Variante wurde in der „generativen Transformationsgrammatik" Chomskys vor allem von Katz (z.B. 1971, 138 ff., 204 ff.), vorgeschlagen. Danach sind die semantischen Merkmale (als atomare Begriffe, wie z.B: „belebt", „unbelebt" etc.) erstens universale Eigenschaften des menschlichen Geistes und zweitens diesem von Geburt an mitgegeben. (So Katz 1971, 207. Kritisch dazu Lyons 1980, 341 f.; Bickes 1984, 43 ff.) Dieser „Nativismus" (d.h. die Theorie von den sprachlichen Strukturen als *innate ideas*, angeborene Ideen) kann als widerlegt gelten. Dasselbe gilt für den Universalismus in dieser Theorie. Er wird sofort fragwürdig, verlässt man den Bereich perzeptuell kontrollierbarer Lexeme (also aller Lexeme, die sinnlich Wahrnehmbares bezeichnen) und geht über zu den sog. „abstrakten" Wörtern (wie sie z.B. in juristischen und generell in allen theoretischen, philosophischen usw. Texten vorherrschen). Dort dürfte es unmöglich sein, perzeptuell „konstante" Merkmale anzugeben. Darüber hinaus lehrt schon der Versuch der Übersetzung einfachster Texte aus einer Sprache in eine andere, dass von einer durch einfache Perzeption herstellbaren eins-zu-eins-Beziehung von Dingeigenschaften und semantischen Merkmalen keine Rede sein kann.

> **Verschiedene Auffassungen zum Status semantischer Merkmale:**
> (1) semantische Merkmale sind Bestandteile der Beschreibungssprache (= Metasprachen-Postulat nach A.J.Greimas)
> (2) semantische Merkmale sind reale Dingeigenschaften der von den Wörtern bezeichneten Dinge (Logische Semantik, z.B. nach Carnap, Frege u.a.)
> (3) semantische Merkmale sind kognitive Universalien, die für alle Sprachen der Welt identisch sind
> (4) semantische Merkmale sind kognitive Universalien, die für alle Sprachen der Welt identisch sind und die angeboren sind (Generative Semantik, z.B. Katz, Chomsky)

*(b)  Wie wird im Komponentialismus die Beziehung zwischen einzelnen „semantischen Merkmalen" und der Gesamtbedeutung eines Wortes gedacht?*

Bedeutungsatome?  Der vielen Merkmalsdefinitionen inhärente Atomismus beruht auf der These, dass Wortbedeutungen in bestimmter Weise aus (atomaren) Merkmalen zusammengesetzt sind (als „Bedeutungsmoleküle" oder – strukturalistisch – „Minisysteme"). Die merkmalsemantische Definition einer Wortbedeutung soll dann abgeschlossen sein, wenn jede einzelne Wortbedeutung eindeutig durch Angabe einer abzähl-baren Menge von Merkmalen von konkurrierenden Wortbedeutun-gen abgegrenzt werden kann. Von einer solchen Abgeschlossenheit der Merkmalsaufzählung kann in einer natürlichen Sprache (anders als etwa bei genormten Fach-Termini) nicht die Rede sein.

*abgeschlossen und restfrei*

Eine abgeschlossene Bedeutungsdefinition (d.h. restfreie Zerle-gung) durch Merkmalsexplikation, die ihren Zweck erfüllen soll, die Wortbedeutung „eindeutig" zu definieren, würde erfordern, dass je-des einzelne Merkmal sowohl hinreichende als auch notwendige Be-dingung dafür ist, die fragliche Wortbedeutung von einer anderen abzugrenzen. Vor allem diese Voraussetzung der „notwendigen" Be-dingung ist problematisch: Zum einen dürfte es schwerfallen, für beliebige Beispiele aus natürlichen Sprachen „Merkmale" anzuge-ben, die im strengen Sinne unverzichtbar (logisch „notwendig") sind; zum anderen widerspricht das Ziel der abgeschlossenen Bedeutungs-definition demjenigen der Angabe notwendiger Merkmale. Wie zahl-reiche Beispielanalysen gezeigt haben, ist es so gut wie unmöglich, für natürlich-sprachliche Ausdrücke wirklich essentielle (d.h. in allen sinnvollen Verwendungen eines Wortes notwendige/ vorhandene) Merkmale aufzufinden. (Siehe dazu Lutzeier 1985, 96 ff. und Wolski 1980, 50 ff.) Die prinzipielle Offenheit natürlicher Sprachen bedingt, dass zu jedem formulierten „wesentlichen" Merkmal (z.B. *Henkel* für *Tasse*) ein sinnvolles Verwendungsbeispiel des Lexems gefunden wer-den kann, wo dieses Lexem sich auf einen Gegenstand bezieht, dem diese „Eigenschaft" fehlt (z.B. eine Tasse mit abgebrochenem Hen-kel).

*notwendige und hinreichende Bedingungen*

*(c) Welche Vorteile (oder Nachteile) ergeben sich aus der Merkmalskon-zeption für die Beschreibung von Wortbedeutungen?*
Einen Ausweg aus den geschilderten Problemen versuchen diejenigen Konzeptionen der Merkmalsemantik, welche die Funktion der seman-tischen Merkmale auf die Funktion der Kategorien einer *Beschreibungs-sprache* beschränken; Merkmalsemantik ist dann die Übersetzung der Bedeutungen natürlich-sprachlicher Ausdrücke in die Terminologie einer als „Metasprache" konzipierten Menge von merkmalsbezeich-nenden Ausdrücken. Das von Greimas 1971 eingeführte „Metaspra-chen-Postulat" („Semantik betreiben heißt, eine Metasprache zu re-konstruieren." Wiegand/ Wolski 1980, 201) trägt vielen gegen die begriffstheoretische Merkmalsemantik erhobenen Bedenken insoweit Rechnung, als die „semantischen Merkmale" klar als *beschreibungs*sei-tige (also nicht mehr *objekt*seitige) Größen anerkannt werden. So defi-niert Wiegand (1973, 38) die „semant. Merkmale" wie folgt:

*Metasprachen-Postulat*

> „Semantische Merkmale [sind] die Elemente des Inhalts, zu denen eine in die semantische Beschreibungssprache eingeführte Notationsform vorliegt."

Er spricht deshalb auch von „deskriptiven Komponenten" (26). Das empirische Vorgehen einer solcherart aufgefassten merkmalsemantischen Analyse charakterisiert Wunderlich (1981, 279) wie folgt:

> „Die Bedeutungsanalyse eines einzelnen Ausdrucks a würde dann darin bestehen, eine Anzahl anderer Ausdrücke b, c, ... aufzuzählen, die als Bedeutungskomponenten des gegebenen Ausdrucks a aufzufassen sind. Falls wir die Bedeutung der Komponenten b, c ... kennen, so kennen wir damit auch die Bedeutung von a."

Paraphrase    Es handelt sich also, strikt gesprochen, um eine Form der *Paraphrasierung* (Bedeutungsumschreibung). „Merkmalsemantik" reduziert sich damit auf das Verfahren, Bedeutungen natürlich-sprachlicher Ausdrücke zu *paraphrasieren* durch andere Ausdrücke derselben natürlichen Sprache, die als „Bedeutungsmerkmale" (-komponenten) behauptet werden. Das heißt: Bedeutungen werden auf Bedeutungen zurückgeführt (so Wolski 1980, 46 f.; Wiegand/ Wolski 1980, 206).

> Dazu treffend Lutzeier 1985, 95: „Wortbedeutung ergibt sich bei dieser Verwendung der Merkmale als Übersetzung des intuitiv der natürlichen Interpretation entnommenen Inhaltes der objektsprachlichen Form in die Merkmalsprache."

Beschreibungs-   Zusätzlich zu den bisher erörterten prinzipiellen Problemen wirft die
probleme     Merkmalsemantik erhebliche *praktische Beschreibungsprobleme* auf. Eine *exhaustive* (*vollständige*) Merkmalsbeschreibung einer Wortbedeutung würde, wenn sie als bedeutungsbeschreibendes Verfahren funktionieren soll, eine vollständige und generell akzeptierte Liste von als Beschreibungskategorien eingesetzten Merkmalen erfordern (so auch Lutzeier 1985, 94). Da ein solches festes Inventar (im Gegensatz zur Phonologie, von der die Merkmalsemantik ihr strukturalistisches Ideal entlehnt hat) in der Semantik nicht existiert (wohl auch nicht existieren kann) „wählt im Grunde jeder Linguist bei der semantischen Merkmalskonzeption Merkmale aus, die ihm für die zu berücksichtigenden Bereiche des Wortschatzes angemessen zu sein scheinen" (Lutzeier 1985, 94) Nach Meinung von Wolski (1980, 46) trägt daher „die Ermittlung semantischer Merkmalmengen weitgehend spekulativen Charakter". Damit hat sich aber das grundlegende Problem jeder deskriptiven Semantik lediglich verschoben auf die Ebene der Formulierung der semantischen Merkmale (als Beschreibungskategorien einer semantischen Metasprache):

> „Die Ermittlung von Merkmalen hat sich als notorisch schwierig erwiesen. [...] Fasst man die [merkmalsemantischen, D.B.] Verfahren als Ermittlungsprozeduren auf, ist das zirkulär, da sie nicht ohne vorgängige semantische Kenntnisse funktionieren und damit das antizipieren, was sie ermitteln sollen." Wiegand/Wolski 1980, 206.

D.h. auch die ausgefeiltesten Anordnungen der Merkmalsemantik (etwa die aufwendigen Merkmalsmatrizen) können nicht verdecken, dass die Semantiker bloß das freilegen, was sie ohnehin schon intuitiv über die Bedeutungen der fraglichen Wörter wussten bzw. heraus- oder (über den Umweg der Merkmale) hineininterpretierten:

> „Man kann den Verdacht nicht vermeiden, dass semantische Komponenten auf der Basis des intuitiven Verstehens des Linguisten bezüglich der Einheiten interpretiert werden, die er benutzt, um diese zu benennen." Lyons 1968, 480.

1. Beschreiben Sie in Form einer Merkmal-Matrix die Bedeutungen folgender Gruppen von Wörtern:
   *Haus – Hochhaus – Hütte – Palast – Gefängnis – Post – Schule; Demokratie – Diktatur – Monarchie; Liebe – Hass – Frust.*
2. Erläutern Sie das „Metasprachenpostulat" nach A.J.Greimas und nennen Sie die unterschiedlichen Auffassungen zum Status semantischer Merkmale.
3. Diskutieren Sie die Probleme, die beim Versuch einer merkmalsemantischen Beschreibung bestehen.
4. Erläutern Sie, was man unter dem „Analysierbarkeits-Postulat" und dem „Exhaustivitätsprinzip" der Merkmalsemantik versteht.

*Aufgaben*

Instruktiv ist die Lektüre von Wiegand 1973 und Wiegand/ Wolski 1980; kritisch zur Merkmal-Semantik vgl. Wolski 1980, Kap. 1.4.

*Vertiefung*

## 2.7 Stereotypen- oder Prototypen-Semantik

Einige der genannten Charakteristika teilt auch eine weitere Form der Wortsemantik, die als eine Weiterentwicklung der Merkmalsemantik betrachtet werden kann und die mit dem Anspruch entwickelt worden ist, einige von deren Problemen (vor allem die Unmöglichkeit der Festlegung notwendiger, „definierender" Merkmale) zu überwinden. Es handelt sich um die sogenannte „Stereotypen-" oder „Prototypen-Semantik", die in der Linguistik in den letzten zwanzig Jahren wohl meist als die „fortgeschrittenste" Semantiktheorie gehandelt wird. Im Unterschied zur Merkmalsemantik geht diese Theorie davon aus, dass Wortbedeutungen weder durch Merkmalangabe erschöpfend (exhaustiv) noch präzise durch Angabe (im strengen logischen Sinne) „notwendiger" bzw. „wesentlicher" Merkmale erfasst werden kann, sondern dass sich Sprecher einer Sprache sog. *Stereotypen* (Putnam 1979, 67 ff.) bzw. *Prototypen* (Rosch 1977, 20 ff.) bilden, welche eine „prototypische" Vorstellung von „typischen" Vertretern derjenigen Klasse von Objekten beinhalten, auf die das Wort Bezug nimmt.

*Überwindung der Merkmal-Semantik?*

> Die Bezeichnung des Gegenstands dieser semantischen Forschungsrichtung schwankt in der deutschen Linguistik zwischen den Ausdrücken *Stereotyp* und *Prototyp*. Ich werde im Folgenden (im Gegensatz zum mittlerweile in der Linguistik eingebürgerten Sprachgebrauch) vor allem den vom Philosophen Putnam eingeführten Begriff *Stereotypen* benutzen, da ich in Roschs Thesen zu

den *Prototypen* nennenswerte theoretische Begründungen nicht entdecken kann. Allerdings treffen *beide* Ausdrücke bestimmte Aspekte des Problems, die jeweils für sich beachtenswert sind: Bei *Stereotyp* liegt die Analogie zum umgangssprachlichen Sinn „Vorurteil" nahe, die durchaus einige wichtige Charakteristika des von den Autoren Gemeinten betrifft; bei *Prototyp* wird der lerntheoretisch wichtige Aspekt der „Paradigmen", d.h. der typischen Einführungssituation eines Wortes, mehr in den Vordergrund gerückt.

Die Grundannahmen der Stereotypen-/ Prototypen-Semantik sind:

**Ausgangsüberlegungen der Stereotypen-/ Prototypen-Semantik:**
(1) Unmöglichkeit der Festlegung „notwendiger" („wesentlicher", „definierender") semantischer Merkmale
(2) Ablehnung der Auffassung, dass durch Merkmalbestimmung eine „erschöpfende" Bestimmung der Wortbedeutung möglich sei.
(3) Gegenannahme: Sprecher einer Sprache verfügen über Stereotypen/ Prototypen, welche eine prototypische Vorstellung von „typischen" Vertretern derjenigen Klasse von Objekten beinhalten, auf die das Wort Bezug nimmt.

(Der Philosoph Putnam hat seine Ideen auch noch in Putnam 1970, 1973, 1978, die Psychologin Rosch ihre Thesen u.a. in Rosch 1973, 1975a, 1975b, 1978, ausgearbeitet. Für die Rezeption in der deutschen Linguistik vgl. Lutzeier 1985, 106 ff. und Kleiber 1993. Kritisch zu Rosch siehe Wolski 1980, 151 ff. und zu Putnam 201 ff.)

*Stereotypen (Putnam)* — Die Stereotypen-Semantik Putnams bezieht sich eng auf das Problem des *Gegenstandsbezugs* von Wörtern (Wortgebrauch), das in der neueren Linguistik unter dem Terminus *Referenz*, in der Logischen Semantik und auch bei Putnam unter *Extension* abgehandelt wird. (Nach anderer Auffassung ist „Referenz" allerdings keine Eigenschaft von *Wortbedeutungen*, sondern eine *Handlung* von Sprechern/ Schreibern, die sich mit ihren Äußerungen auf Gegenstände der Welt beziehen. Ähnlich Lutzeier 1985, 106, im Anschluss an Strawson 1950, 8.) Putnam entwickelt seine Theorie aus den Problemen des „Extensions"-Begriffs. Ihm zufolge besteht das Hauptproblem bei der Bestimmung von Wortbedeutungen über „Extensionen" (also über die Menge der Gegenstände, auf die ein Wort zutrifft) darin, dass die damit implizierte mengentheoretische Denkweise lediglich eine Ja/ Nein-Entscheidung über die Zugehörigkeit eines Objekts zur Menge derjenigen Gegenstände, welche die Extension des Ausdrucks bilden, zulässt. In natürlichen Sprachen sei die Zuordnung von Gegenständen zu Wortbedeutungen (und umgekehrt) aber meist eher eine Sache des „Mehr oder Weniger" als des „Ja oder Nein" (Putnam 1979, 23).

*Prototypen (Rosch)* — Aus ähnlichen Gründen entwickelt die Psychologin Rosch ihre „Prototypen-Theorie" aus einer Kritik der Merkmalsemantik. Deren Auffassung von der Bedeutung als einer abgeschlossenen Menge von definierenden Merkmalen, welche den „vollen und gleichen Grad der Zugehörigkeit" eines Gegenstands zur Merkmalskonjunktion verlange und dabei implizit voraussetze, dass alle Mitglieder einer „Kategorie" identisch seien, sei wirklichkeitsfern (Rosch 1977, 18). Die Prototypentheorie ist vor allem im Zusammenhang mit psychologischen Untersuchungen zu kognitiven Prozessen der Kategorienbildung bzw. Kategorisierung von Wahrnehmungsobjekten entstanden. Dabei geht sie von folgenden Grundannahmen aus (nach Kleiber 1993, 33 f.):

---

**Grundannahmen der Prototypentheorie zu Kategorien und Kategorisierung:**
1. Eine Kategorie hat eine prototypische innere Struktur.
2. Der Repräsentativitätsgrad eines Exemplares entspricht dem Grad seiner Zugehörigkeit zur Kategorie.
3. Die Grenzen zwischen den Kategorien bzw. Begriffen sind unscharf.
4. Die Vertreter einer Kategorie verfügen nicht über Eigenschaften, die allen Vertretern gemeinsam sind; sie werden durch eine *Familienähnlichkeit* zusammengehalten.
5. Die Zugehörigkeit zu einer Kategorie ergibt sich aus dem Grad der Ähnlichkeit mit dem Prototyp.
6. Über diese Zugehörigkeit wird nicht analytisch, sondern global entschieden.

---

Deutlich wird bei beiden Ansätzen, dass hier das Kriterium der *Ähnlichkeit* (der Analogie) von Elementen einer Klasse (als Gegenstände, auf die ein Wort verweist) stark gemacht wird.

---

„Ein Prototyp ist ein typischer Vertreter einer Kategorie, und die anderen Elemente werden dieser Kategorie zugerechnet aufgrund der wahrgenommenen Ähnlichkeit mit dem Prototyp." (Langacker 1987, 371)

---

Während die Merkmalsemantik Analogieschlüsse nur implizit, versteckt im unexplizierten Begriff der „Merkmale" voraussetzte, wendet die Prototypen-Semantik diesen Aspekt also offensiv auf die Bedeutung (den „Prototyp") als Ganze an. (Wolski 1980, 153 kritisiert daran, dass den Sprecherurteilen über Ähnlichkeiten evtl. völlig heterogene Kriterien zugrunde liegen, was von der Theorie nicht berücksichtigt wird.) Doch zunächst zur Frage nach dem Status der „Stereotypen":

---

Nach Putnam (1979, 67) „ist ein Stereotyp eine konventional verwurzelte [...] Meinung darüber, wie ein X aussehe oder was es tue oder sei."

---

Putnam nennt hier drei Eigenschaften: Ein Stereotyp scheint subjektiv, sprecherbezogen zu sein („Meinung"), aber dennoch sozial fundiert („konventional"), auf jeden Fall aber auf Dinge der realen Welt bezogen („wie ein X aussehe"). Es ist deshalb wichtig, darauf hinzuweisen, dass beide Formen der Theorie ausschließlich an sog. „natürlichen Prädikaten" (Putnam), d.h. an Wörtern entwickelt wurden, die physikalische (also sinnlich wahrnehmbare) Dinge oder Eigenschaften bezeichnen. Bei Putnam sind es *Tiger* und *Zitronen*; bei Rosch Farbadjektive (*rot*) oder Substantive wie *Vogel*, *Apfel* usw. Die

Übertragbarkeit der Stereotypen-/ Prototypen-Semantik auf *abstrakte* Termini (etwa in Recht, Philosophie, Wissenschaft), ist weder von Putnam noch von Rosch ausdrücklich behauptet worden. (Vgl. Rosch 1977, 21 f.; bei Putnam wird dies implizit dadurch deutlich, dass er seine Theorie stets nur auf „natürliche Prädikate", d.h. physisch Wahrnehmbares bezeichnende Ausdrücke, bezieht.)

Dass die „Prototypen" bei der Psychologin Rosch eindeutig als *psychische* Entitäten aufgefasst werden, liegt nahe. Vgl. Coleman/ Kay:

> „Wir haben die These vertreten, dass die Bedeutung zahlreicher Wörter [...] nicht aus einer Liste notwendiger und hinreichender Bedingungen besteht, die ein Gegenstand oder Sachverhalt erfüllen muss, um zu der von dem betreffenden Wort bezeichneten Kategorie gerechnet zu werden, sondern eher aus einem psychologischen Gegenstand oder Prozess, den wir Prototyp genannt haben." (Coleman/Kay 1981, 43)

Prototypen-Semantiker gehen davon aus, dass die „Prototypen" durch psycholinguistische Tests als eine tatsächlich in der menschlichen Kognition gegebene Realität nachgewiesen seien. Dabei verweisen sie auf Forschungsergebnisse wie folgende:

> **Ergebnisse psychologischer Tests zu Kategorisierungsprozessen** (Kleiber 1993, 38):
> 1. Die prototypischen Vertreter werden schneller kategorisiert als die nicht prototypischen Exemplare.
> 2. Kinder prägen sich die prototypischen Vertreter zuerst ein.
> 3. Die Prototypen dienen als kognitiver Bezugspunkt.
> 4. Die Prototypen werden in der Regel als erste genannt, wenn man Sprecher um eine Aufzählung der Vertreter einer Kategorie bittet.

Allerdings scheint Roschs Auffassung der kognitiven Gegebenheitsweise von semantischen (d.h. bei ihr: perzeptuellen) Kategorien als „konkrete Bilder" (Rosch 1977, 30.) – jedenfalls wenn man sie unkritisch aus der Psychologie in die linguistische Semantik überträgt – ein Rückfall in den semantischen Psychologismus der Vorstellungstheorien der Wortbedeutung zu Anfang dieses Jahrhunderts zu sein.

Anders liegt es bei Putnam: Seiner Rückführung der Stereotypen auf „konventional verwurzelte Meinungen" steht die eindeutige Aussage gegenüber: „Man kann's drehen und wenden wie man will, Bedeutungen sind einfach nicht im Kopf." (Putnam 1979, 37.) Seine Auffassung, dass Stereotypen auf das verweisen, was von der Sprache her obligatorisch ist" (Putnam 1979, 70) ist konventionstheoretisch hochproblematisch: Was soll das heißen, gerade auch auf dem Hintergrund der Tatsache, dass die Notwendigkeit der Stereotypen-Semantik ja gerade mit der Abweisung der Annahme von „notwendigen Merkmalen" wie in der Merkmalsemantik begründet wurde? Zur Begründung seiner Auffassung der Bedeutungen als sozialer (und damit „obligatorischer") Entitäten führt Putnam die interessante, aber mit problematischen Implikationen belastete „Hypothese von der sprachlichen Arbeitsteilung" ein:

> „Immer wenn ein Ausdruck der sprachlichen Arbeitsteilung unterliegt, lernt der Durchschnitts-sprecher, der diesen Ausdruck lernt, nichts, was dessen Extension festlegte. Insbesondere legt sein individueller psychischer Zustand diese Extension nicht fest – das ist gewiss; die Extension ist erst durch den soziolinguistischen Zustand des Sprachkollektivs, dem er angehört, festgelegt." Putnam 1979, 39.

Danach muss zwar jeder Sprecher einer Sprache ein Wort, das er verwendet (etwa *Gold*), beherrschen, aber er muss nicht unbedingt persönlich über Kriterien verfügen, die ihm erlauben, auch eindeutig festzustellen, ob etwas, was er mit diesem Wort bezeichnet, auch tatsächlich unter das Wort fällt, oder nicht (also festzustellen, ob etwas Gold ist oder nicht). Vielmehr kann er sich dabei auf andere Sprecher, „Experten" verlassen. („Auf diese Weise kann noch die ausgefallens-te Wahrheit über Wasser Teil der *sozialen* Bedeutung von ‚Wasser' werden und gleichzeitig fast allen Sprechern, die dieses Wort beherr-schen, unbekannt sein." Putnam 1979, 39) Das Problem verlagert sich dann dahin, woher die „Experten" ihre Kriterien nehmen. Deren Probleme werden von Putnam bezeichnenderweise ausgeklammert. Seine These ist, dass zwar nicht ein einzelner Sprecher in seinen individuellen Kenntnissen, aber eine Sprachgemeinschaft als Kollek-tiv die Extension, die ein best. Ausdruck hat, durchaus festgelegt.

Der wichtige Gedanke in Putnams These von der „sprachlichen Arbeitsteilung" ist, dass „Bedeutung" nicht als private, psychische Entität missverstanden werden darf; zugleich wird aber auch deutlich, dass „kollektive Bedeutungen" nichts Einheitliches, und schon gar nichts Festgelegtes sind. Anstelle von der bei Putnam implizit vor-ausgesetzten Homogenitätsannahme, wollen wir uns an Lutzeiers Interpretation halten, dass „kollektive" Bedeutungen (wenn man so etwas überhaupt annehmen will – siehe dazu unten die Überlegungen zum Begriff der „lexikalischen Bedeutung") ein dynamischer Prozess sind, der der „gesellschaftlichen Arbeit" und damit auch der ständi-gen Veränderung unterliegt. Siehe auch Lutzeier 1985, 112 f.:

Sprachliche Arbeitsteilung

> „Da wir alle unterschiedliche Erfahrungen und Kenntnisse haben, ergeben sich bei jedem bezüg-lich einzelner Gebiete unterschiedliche Genauigkeitsgrade für die typischen Beispiele, manchmal sogar völlig unterschiedliche Arten von typischen Beispielen."

Laut Lutzeier (1985, 115) hängt die Vielseitigkeit und Abweichung individueller Stereotypen damit zusammen, dass Stereotypen von *Interessen* und *Gesichtspunkten* abhängig sind: für jeden Sprachteilha-ber mag an bestimmten Gegenständen, auf die er sich mit einem Wort bezieht, etwas anderes wichtig sein.

„Stereotypen" oder „Prototypen" sollen ermöglichen (und dies soll eine auf dieser Idee fußende Semantik von der Merkmalsemantik

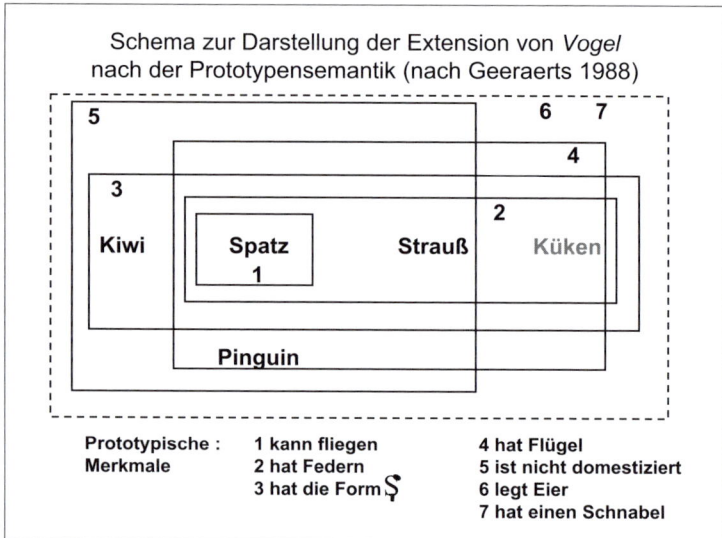

**Abb. 9:** Extension von „Vogel"

Beste Exemplare

unterscheiden) nicht nach Ja/ Nein-Schemata über die Zugehörigkeit eines Gegenstandes zu Wortbedeutungen zu entscheiden, sondern die „typischen", „normalen" Vertreter der mit einem Wort bezeichneten Gegenstandsklasse herauszuheben, relativ zu denen andere Bezugsobjekte graduell als mehr oder weniger zugehörig zum Stereotyp gelten. Danach sei etwa ein Spatz „typischer" für die Klasse *Vogel*, als ein Pinguin (nach Rosch). (Siehe Abb. 9) Die Stereo-/ Prototypen-Semantik operiert demnach mit Normalitätsvorstellungen; aber was ist schon bei der Anwendung von sprachlichen Ausdrücken auf Gegenstände (gleich ob physikalische oder abstrakte) „normal", und wer entscheidet gegebenenfalls und mit welchen Kriterien darüber, wann etwas normal ist oder nicht? (Wann ist etwa ein bestimmtes Geschehnis ein „typischer" Diebstahl und wann nicht?) Sowohl Putnam als auch Rosch operieren mit dem Gedanken an „core facts", d.h. „Kern-Tatsachen", welche den Prototyp ausmachen sollen und die von weiteren akzessorischen Merkmalen unterschieden werden können sollen. Rosch spricht auch von „best examples".

„Die innere Struktur vieler natürlicher Kategorien besteht aus dem Prototyp der Kategorie (den eindeutigsten Vertretern, den besten Beispielen) und den nicht-prototypischen Exemplaren, welche in einer Rangfolge angeordnet sind, die sich von den besten zu den weniger guten Exemplaren erstreckt." Rosch 1977, 23

Die Nähe auch dieses Gedankens der „Zentralität" von bestimmten Merkmalen zu den *wesentlichen Merkmalen* der Merkmalsemantik liegt auf der Hand. Allerdings sind sich die Prototypen-Semantiker in dieser Frage nicht völlig einig. Mindestens zwei Positionen stehen sich gegenüber. Die eine fasst den Prototypen als Schnittmenge auf; hier gäbe es dann tatsächlich (wieder) so etwas wie semantische Kern-Merkmale. (Siehe Abb. 10) Die Exemplare, die sich innerhalb der schraffierten Schnittmenge befinden, sind die prototypischen Vertreter: Sie weisen die vier charakteristischen Eigenschaften a, b, c und d der Kategorie auf. Exemplare, die nur drei dieser Eigenschaften besitzen, gelten als weniger typisch und sind daher in einer gewissen Entfernung vom Zentrum angeordnet; sie sind jedoch weniger marginal als diejenigen Exemplare mit nur einer oder zwei typischen Eigenschaften. Wichtig ist nach Givón aber, dass man bedenkt: Die Schnittmenge, die dem Prototyp entspricht, kann auch leer sein, nämlich, wenn kein Exemplar alle vier Eigenschaften aufweist.

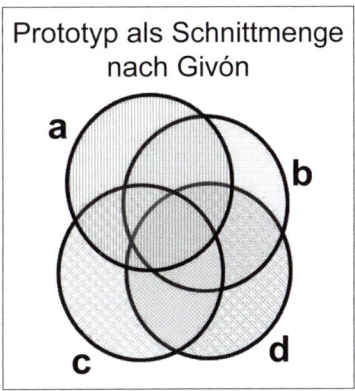

**Abb. 10:** Prototyp als Schnittmenge

Eine solche Auffassung des semantischen Prototypen wäre jedoch nicht mehr allzu weit von den „notwendigen und hinreichenden semantischen Merkmalen" der Merkmalsemantik entfernt. Andere Prototypentheoretiker favorisieren daher ein Modell in Anlehnung an Wittgensteins Begriff der „Familienähnlichkeit" zwischen Begriffen. (Siehe Abb. 10) Merkmal einer „Familienähnlichkeit" ist ja, dass sich die Mitglieder einer Familie alle „irgendwie" ähnlich sehen, ohne dass man immer in der Lage wäre, ein einziges Merkmal als Grund dieser Ähnlichkeit zu identifizieren.

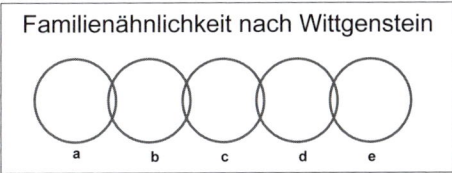

**Abb. 11:** Familienähnlichkeit

**Konzept der Familienähnlichkeit nach Wittgenstein:**
Es ist notwendig oder hinreichend, wenn jedes Exemplar der Kategorie mindestens *eine* Eigenschaft mit einem anderen Exemplar der Kategorie gemeinsam hat.
Folge: Die verschiedenen Beispiele einer Kategorie laufen nicht mehr (wie im Standardmodell der Prototypensemantik) in einer einzigen zentralen Entität zusammen, auf der der Zusammenhalt der Kategorie beruht.

Wittgenstein erläuterte das, was er mit diesem Begriff meint, mit einer Metapher, nämlich der Metapher des Begriffs als eine Art von Faden. Wie bei einem Wollfaden der Zusammenhalt des Fadens nicht dadurch erzeugt wird, dass es eine einzige Faser gäbe, die sich durch die gesamte Länge des Fadens zieht, sondern stattdessen der Zusammenhalt des Fadens (als *ein*

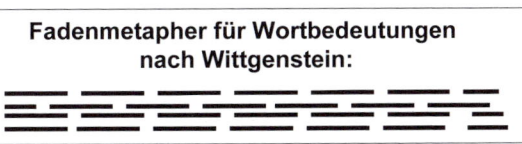

**Abb. 12:** „Begriff" als Faden

– vielleicht hunderte Meter langer – Faden) nur dadurch erreicht wird, dass an jeder Stelle des Fadens genügend viele Fasern so fest ineinander verwoben sind, dass sie etwas Festes bilden, so seien auch die einzelnen semantischen Aspekte eines Begriffs (einer Wortbedeutung) nur an jeweils konkreten Stellen (Wittgenstein würde sagen: den Stellen des jeweiligen konkreten Gebrauchs eines Wortes in einem konkreten Text, einer Situation) vorhanden; kein einziges semantisches Merkmal würde sich aber durch alle Gebrauchsmöglichkeiten und Fälle des Begriffs/ Wortes insgesamt durchziehen.

Auflösen lassen sich die Probleme erstens der Festlegung dessen, was ein „Stereotyp" oder einen „Prototyp" ausmachen soll, und zweitens der Nähe zur überwunden geglaubten Merkmalsemantik nur, wenn man die „Stereotypen" auf den Status reiner *Beschreibungs*kategorien zurückführt. So möchte Putnam konsequent „Bedeutung" durch die Angabe einer „Normalform für die Beschreibung einer Bedeutung" definieren: „Wenn wir wissen, was eine ‚Normalform-Beschreibung' der Bedeutung eines Wortes ist, so wissen wir, finde ich, was Bedeutung ist." (Putnam 1979, 94. Allerdings ist der konkrete Vorschlag, den Putnam für die Angabe einer „Normalform-Beschreibung" einer Bedeutung unterbreitet, ziemlich dünn und – linguistisch gesehen – außerordentlich problematisch.) Noch deutlicher relativiert Lutzeier den Status der Stereotypen und zeigt daher ihre Unbrauchbarkeit für die Zwecke einer *deskriptiven* Semantik(theorie):

> „Andererseits darf man sich natürlich keine Illusionen darüber machen, dass die aus solchen Merkmalsbeschreibungen [d.h. Beschreibungen, die notwendig standpunktrelativ und interessegeleitet sind, D.B.] stammenden Stereotypen meist nicht über die Ansprüche von individuellen Stereotypen hinausgehen, insofern sie nämlich nur die normalen Mitglieder charakterisieren. Das sollte niemanden überraschen, jede Beschreibung ist ja von Individuen gemacht und in die Beschreibung fließt in erster Linie die natürliche Interpretation des jeweiligen Individuums." Lutzeier 1985, 129.

Lutzeier ergänzt: „Deshalb müssen selbst Wörterbucheinträge mit etwas Vorsicht verwendet werden" (130). Die Kenntnis der Bedeutung eines Wortes, sein Verstehen, sind also – dies muss als wichtigstes Ergebnis der Diskussion der (ja ursprünglich aus philosophischen Diskussionen entstandenen) Stereotypen-Semantik für linguistische Zwecke festgehalten werden – stets *vorgängig*, werden bei einer Stereotypen-Beschreibung stets schon *vorausgesetzt*. Darin unterscheidet sich die Semantik der Stereotypen bzw. Prototypen also wenig von der Merkmalsemantik, die sie überwinden wollte.

Wenn wir also nach der Nützlichkeit der Stereotypen-Semantik für eine angewandte linguistische Semantik fragen, kommen wir zu demselben skeptischen Ergebnis wie bei der Merkmalsemantik. Wie bei den „semantischen Merkmalen" bleibt auch hier dann zu fragen, welche Nützlichkeit die Annahme von „Stereotypen" oder „Proto-

typen" für Zwecke der Bedeutungs*beschreibung* überhaupt noch hat.
Es sollte deutlich geworden sein, dass die Annahme von „Stereotypen"/ „Prototypen" lediglich auf eine etwas andere Form der Bezugnahme auf semantische Merkmale hinausläuft: der Unterschied
liegt lediglich darin, dass die Merkmalsemantik mit der Annahme der
Vollständigkeit und Abgrenzbarkeit von Merkmalskomplexen ope-
rierte, während die Stereotypensemantik den Umgang mit Merkmalen auf „typische" Merkmale, die zu „Stereotypen" oder „Prototypen"
als „Normalformen" agglomerieren, beschränken möchte.

In dieser Form, vor allem, wenn man Stereotypen auf „Kern-Tatsachen" oder gar „Kernbedeutungen" (Rosch 1977, 23) zurückführt,
ist die linguistische Semantik nicht mehr weit von der bereits aus der
Begriffstheorie des 19. Jahrhunderts bekannten Redeweise vom „Begriffs*kern*" und „Begriffs*hof*" entfernt und teilt deren Probleme. Auch
dort tauchte das Problem auf, dass die in der Semantik natürlicher
Sprachen vorfindlichen unscharfen Grenzen und fließenden Über-
gänge zwischen Wortbedeutungen auf die für semantische Entschei-
dungen unabdingbare Ja/ Nein-Logik des „zugehörig" oder „nicht
zugehörig" abgebildet werden müssen. Zwar scheint die Rede von
„Kernbedeutungen" oder „Stereotypen" intuitiv plausibel und für die
Zwecke der lexikalischen Semantik, also des Verfertigens von Wörterbuch-Artikeln, auch sinnvoll zu sein, doch kann eine darauf aufbauende Semantik nicht das Problem aufheben, dass dort, wo es um
die Feststellung bzw. Erschließung der Bedeutung eines Wortes in
einem Text geht, ja gerade die Zugehörigkeit eines Sachverhaltes zu
einer Text-Bedeutung definitiv festgestellt werden muss.

Und meist entstehen Probleme der Bedeutungsbestimmung oder
Auslegungsprobleme bei Texten ja nicht bei den „normalen" Fällen
(den „clearest cases" oder „best examples", wie Rosch sie nennt) also
denjenigen, die dem „Stereotyp" am besten entsprechen, sondern bei
den „unklaren Fällen". Die Stereotypen-Semantik kann also gerade
für diejenigen Fälle semantischer Entscheidungsprobleme keine Hilfe sein, die überhaupt dazu veranlassen, sich über Fragen der semantischen Theorie intensiver Gedanken zu machen: denjenigen Fällen,
in denen die genauere Bestimmung der Bedeutung eines Wortes oder
Textabschnitts überhaupt erst zu einem Problem geworden ist.

1. Was ist der Kerngedanke der „Prototypentheorie der Bedeutung"  Aufgaben
   und worin unterscheidet sie sich von der Merkmalsemantik?
2. Setzen Sie in den folgenden Sätzen für das Wort *Vogel* jeweils
   *Meise, Spatz, Rotkehlchen, Papagei, Adler, Huhn, Kolibri, Strauß* und
   *Pinguin* ein. Was fällt Ihnen auf? [nach Schwarz/ Chur 1993, 50]
   *(1) Vögel haben Federn.*        *(2) Vögel können fliegen.*
   *(3) Vögel können singen.*        *(4) Vögel legen Eier.*
   *(5) Ich sah einen Vogel über das Haus fliegen.*
   *(6) Im Garten sang ein Vogel.*        *(7) Im Zoo nisten viele Vögel.*
   *(8) Im Apfelbaum putzte ein Vogel sein Gefieder.*
   *(9) Auf dem Bauernhof leben viele Vögel.*

3. Geben Sie für folgende Wörter auf einer Rangskala von „1" („ist sehr typisch") bis „6" („ist nicht typisch") an, für wie typische Exemplare von *Vogel* sie die einzelnen Exemplare halten und ordnen sie sie danach in einer Zentralitätshierarchie an:

(1) Pfau            1 – 2 – 3 – 4 – 5 – 6
(2) Eule            1 – 2 – 3 – 4 – 5 – 6
(3) Huhn            1 – 2 – 3 – 4 – 5 – 6
(4) Adler           1 – 2 – 3 – 4 – 5 – 6
(5) Rotkehlchen     1 – 2 – 3 – 4 – 5 – 6
(6) Spatz           1 – 2 – 3 – 4 – 5 – 6
(7) Papagei         1 – 2 – 3 – 4 – 5 – 6
(8) Truthahn        1 – 2 – 3 – 4 – 5 – 6
(9) Kanarienvogel   1 – 2 – 3 – 4 – 5 – 6
(10) Pinguin        1 – 2 – 3 – 4 – 5 – 6
(11) Adler          1 – 2 – 3 – 4 – 5 – 6

4. Geben Sie für folgende Wörter auf einer Rangskala von „1" („ist sehr typisch") bis „6" („ist nicht typisch") an, für wie typische Exemplare von *Kleidung* sie die einzelnen Exemplare halten und ordnen sie sie danach in einer Zentralitätshierarchie an:

(1) Socken          1 – 2 – 3 – 4 – 5 – 6
(2) Sandalen        1 – 2 – 3 – 4 – 5 – 6
(3) Gummistiefel    1 – 2 – 3 – 4 – 5 – 6
(4) Inliner         1 – 2 – 3 – 4 – 5 – 6
(5) Hemd            1 – 2 – 3 – 4 – 5 – 6
(6) Hose            1 – 2 – 3 – 4 – 5 – 6
(7) Hut             1 – 2 – 3 – 4 – 5 – 6
(8) Handtasche      1 – 2 – 3 – 4 – 5 – 6
(9) Handschuhe      1 – 2 – 3 – 4 – 5 – 6
(10) Schürze        1 – 2 – 3 – 4 – 5 – 6
(11) Bikini         1 – 2 – 3 – 4 – 5 – 6

5. Beschreiben Sie prototypen-/ stereotypensemantisch die Bedeutung (en) von *Liebe* in folgenden Sätzen:
*Ferdinands Liebe zur Geometrie hat in der Schule angefangen.*
*Fritz hat gestern zufällig seine alte Liebe aus Schulzeiten wiedergetroffen.*
*Dass Jessica dem Marko bis nach Alaska nachgereist ist, ist wahre Liebe.*
*Die Liebe von Martina zu Rainer zeigt sich vor allem auch darin, dass sie mit ihm nächtelang über philosophische Fragen diskutieren kann.*
*So intensiv wie in „9 ¹/₂ Wochen" ist die Liebe selten im Kino dargestellt worden.*
*Meine Liebe zu meiner Oma lasse ich mir von niemandem ausreden.*
*Meine Liebe zu meinen Katzen lasse ich mir von niemandem ausreden.*
*Nester der Liebe nannte der Autor die Etablissements des Rotlichtviertels.*
*Die Liebe von Hasso zu seinem Frauchen ist durch nichts zu übertreffen.*

6. Erläutern Sie die Unterschiede einer Konzeption der Prototypen als Schnittmenge (Givón) und als Familienähnlichkeiten (Wittgenstein).

Vertiefung    Gut geeignet: Kleiber 1993 (Prototypen); Lutzeier 1985 (Stereotypen)

Die bisher dargestellten Modelle der Wortsemantik decken das Spektrum ab, wie es im Mainstream der Linguistik und Sprachtheorie diskutiert und akzeptiert wurde. Keines der Modelle ist frei von Problemen, aber das kann bei einem solch komplexen Gebiet wie der Semantik vielleicht auch gar nicht anders sein.

*Fazit zu den Modellen der Wortsemantik*

Bedeutungen als *Vorstellungen* zu sehen, impliziert eine Abbildtheorie der Sprache, die aus erkenntnistheoretischen Gründen fragwürdig ist. Außerdem legt es das Missverständnis nahe, „Bedeutung" sei eine deutlich abgrenzbare psychologische Entität mit eigener Existenz.

Bedeutungen als *Begriffe* zu sehen ist so eine Art common sense von Begriffstheorie, logischer Semantik, Merkmalsemantik und Stereo-/ Prototypen-Semantik, klärt aber nichts, solange nicht definiert wird, was man unter „Begriff" verstehen soll. Dafür ist aber eine überzeugende Lösung in keiner der behandelten Theorien angeboten worden.

Die Unterscheidung der logischen Semantik von *Extension* und *Intension* ist nützlich und wichtig; aber Bedeutungen auf Wahrheitswerte zurückführen zu wollen, ist für natürliche Sprachen unergiebig und letztlich undurchführbar.

Bedeutung in *semantische Merkmale* zu zergliedern, ist ein nützliches Mittel semantischer Beschreibung, solange man die Paraphrase nicht mit der Bedeutung verwechselt und dem unerreichbaren Ziel einer restfreien und erschöpfenden Bedeutungsbestimmung nachrennt.

Dass Bedeutungen *prototypikalischen Charakter* haben, ist eine wichtige Erkenntnis für die Bedeutungstheorie, hat aber kaum Auswirkungen für die praktische Bedeutungsbeschreibung. Möglicherweise ist sie nützlich für die Erklärung von Bedeutungswandel, wahrscheinlich auch für kulturwissenschaftliche Anwendungen der Semantik.

Keiner der dargestellten Ansätze liegt völlig neben der Wahrheit, aber jeder weist seine eigenen Mängel, Erklärungslücken und Irrtümer auf. Häufig kommt es weniger auf die pauschale Definition an („Vorstellung", „Begriff", „Intension", „Extension", „semantisches Merkmal (-bündel)", „Prototyp", „Stereotyp"), sondern darauf, wie man die Ersetzungsbegriffe jeweils genau definiert. Aber dazu besteht bei allen Modellen in der Regel noch großer Klärungsbedarf. Ebenso wie zum Verhältnis von sozialer und individueller Bedeutung.

# 3. Pragmatische Semantik

In Umkehrung der induktiven Reihenfolge (vom *Wort* zum *Satz* zum *Text*) ist die historische Entwicklung der Semantik unter Überspringen der Satzebene direkt zur Textsemantik und zur Sprechhandlungstheorie übergegangen. Eine „Satzsemantik" im engeren Sinne gibt es erst, seitdem sich Erkenntnisse, Forschungsmethoden und theoretische Begründungen der linguistischen Pragmatik und der Textlinguistik auch für die Satzebene als fruchtbar erwiesen haben. Deshalb werde ich zunächst auf Überlegungen zu einer pragmatischen Semantik eingehen, bevor ich (in Kap. 7) skizziere, welche Beiträge aus Satz- und Textsemantik für eine umfassende Konzeption der linguistischen Semantik zu erwarten sein könnten.

## 3.0 Ziele und Warm Up

Ziele

In diesem Kapitel werden wir:
- Der Frage nachgehen, ob die Aussage „Die Bedeutung eines Wortes ist sein Gebrauch in der Sprache" die Grundlage für eine sinnvolle Bedeutungstheorie sein kann.
- Eine Konzeption vorstellen, nach der die Semantik auf einer Theorie des sprachlichen (bzw. kommunikativen) Handelns aufbauen sollte.
- Den Vorschlag erörtern, die Intention (Mitteilungsabsicht) in den Mittelpunkt einer angemessene Bedeutungstheorie zu stellen.
- Einen Blick auf einige semantische Phänomene werfen, die zwar von den meisten Linguisten und Sprachtheoretikern zum Phänomen- und Gegenstandsbereich der sog. „Linguistischen Pragmatik" gerechnet werden, die aber unzweifelhaft Aspekte der Bedeutung sprachlicher Einheiten betreffen, und somit eigentlich zum Gegenstandsbereich der Semantik gehören (bzw. gehören sollten).

Warm Up

Paul fragt seinen Freund Jan über den gemeinsamen Sportkumpel Meier, der jetzt bei einer Bank arbeitet, wie es Meier bei seinem Job so gehe, und Jan antwortet: *Oh, ganz gut, nehme ich an; er mag seine Kollegen und ist bislang noch nicht ins Gefängnis gekommen.*

## 3.1 Praktische Semantik

Einer der Grundgedanke der aus der Sprechakttheorie der angelsächsischen sprachanalytischen Philosophie hervorgegangenen *linguistischen Pragmatik* ist, dass jede sprachliche Äußerung (ob mündlich oder schriftlich) als ein *Handeln nach Regeln* beschrieben werden kann. (Vgl. dazu z.B. Heringer/ Öhlschläger/ Strecker/ Wimmer 1977, 7 und Heringer 1974, 19.) Sprache und Sprechen wird damit in den Zusammenhang des gesamten menschlichen Handelns und, insofern es dabei um soziales Handeln geht, der Interaktion gestellt. Die neue Sichtweise von Sprache, die erstmals abweicht von der seit Saussure geltenden Dichotomie von „der Sprache" (*langue*) als abstraktes „*System*", welches in der Rede (*parole*) lediglich „aktualisiert" wird, gründet auf zwei neuen Grundbegriffen: *Handlung* und *Regel*. Wenngleich die Erfinder der „Sprechakttheorie", Austin (1962) und Searle (1972), nicht als seine direkten Nachfolger betrachtet werden können, ist die Entstehung der pragmatischen Linguistik doch nicht denkbar ohne das Werk des Philosophen Ludwig Wittgenstein (1889 – 1951), vor allem die in seinem Spätwerk, v.a. den „*Philosophischen Untersuchungen*" (1953) entwickelte „Gebrauchstheorie der Bedeutung".

*Handlung und Regel*

*Bedeutung als Gebrauch*

> **Ludwig Wittgenstein: Bedeutung als „Gebrauch"**
>
> § 10: Was *bezeichnen* nun die Wörter dieser Sprache? – Was sie bezeichnen, wie soll ich das zeigen, es sei denn in der Art ihres Gebrauchs?
> § 43: Man kann für eine große Klasse von Fällen der Benützung des Wortes „Bedeutung" – wenn auch nicht für alle Fälle seiner Benützung – dieses Wort so erklären: Die Bedeutung eines Wortes ist sein Gebrauch in der Sprache. (Wittgenstein 1971)

(Ein weiterer wichtiger Autor für die Linguistische Pragmatik ist der amerikanische Philosoph H.P. Grice, dessen schmales Werk sehr wichtig für eine Neubegründung der semantischen Theorie ist. Vgl. Grice 1957, 1968, 1969, 1975, 1982 und unten Kap. 3.2)

Aus Wittgensteins „Gebrauchstheorie" schöpft auch die *praktische Semantik* die meisten ihrer Begriffe und Ideen.

> Ich verwende im Folgenden die Bezeichnung *praktische Semantik* als terminus technicus für solche Ansätze der pragma-linguistischen Bedeutungstheorie, die sich (wenigstens zum Teil) auf den Bedeutungsbegriff des späten Wittgenstein beziehen, und nicht zur Bezeichnung einer Schule. Insofern sind die Überlegungen, die die Autoren von Heringer 1974, Heringer (Hrsg.) 1974, Heringer u.a. 1977 unter dem Titel „Praktische Semantik" entwickelt haben, da sie sich auf dieselben Quellen berufen, einer vergleichbaren Sichtweise verpflichtet, wie meine eigenen Überlegungen zur pragmatischen Semantik (etwa in Busse 1987 und 1991), ohne sich mit ihnen in allen Einzelheiten zu decken.

Nach Heringer ergeben sich für die linguistische Semantik aus der Philosophie Wittgensteins wichtige Konsequenzen. Im Gegensatz zu den meisten der zuvor entstandenen Bedeutungsbegriffe der linguistischen Semantik geht die *praktische Semantik* nicht davon aus, dass es eine *einheitliche* Bedeutung eines Zeichens in einer Sprache gebe. Verständigungsprobleme, und alle Probleme, die bei dem Versuch einer Bedeutungsfeststellung, bei Bedeutungsbeschreibungen und bei der Textinterpretation auftreten, entstehen daraus, dass verschiedene Menschen in verschiedenen Situationen dieselben Wörter (im Sinne von phonetisch/ graphematisch materialisierten Zeichen-

*Kontexte*

Ausdrucksseiten) nach unterschiedlichen Regeln benutzen. Ein einzelnes Wort kann in unterschiedlichen Kontexten unterschiedlichste Funktionen haben (Wittgenstein 1970, § 64) und eine Hauptquelle von Verständigungsproblemen ist, dass ein einzelner Mensch die Vielfalt der Verwendungsmöglichkeiten eines Wortes gar nicht überblicken kann (so Wittgenstein 1971, § 122).

---

**Grundannahmen der *Praktischen Semantik*** (nach Heringer u.a. 1977, 7):

„– Die Bedeutung eines sprachlichen Zeichens kennen heißt wissen, wie es verwendet werden kann, d.h. wie man mit ihm handeln kann, welche Regeln für seinen Gebrauch gelten.
– Das Verstehen sprachlicher Handlungen beruht auf der Kenntnis von Regeln.
– Missverstehen ist gewöhnlich darauf zurückzuführen, dass die Kommunikationspartner nach unterschiedlichen Regeln handeln.
– Wenn wir die Bedeutung eines sprachlichen Zeichens beschreiben wollen, müssen wir seinen Zusammenhang innerhalb einer sozialen Lebensform berücksichtigen."

---

Dies hängt auch damit zusammen, dass – im Gegensatz zu den Annahmen der traditionellen Wortsemantik – die aktuelle Bedeutung eines Wortes im Kommunikationsprozess immer entscheidend von der sprachlichen Umgebung sowie von zahlreichen Kontext- und Situationsfaktoren abhängt, die in den Produktions- und Verstehensprozess von Äußerungen immer schon mit einbezogen sind. Das führt dazu, dass jede Auffassung, die davon ausgeht, dass die Verwendung eines Wortes *systematisch, einheitlich* und (wenigstens prinzipiell) *eindeutig* ist, eine naive Verkürzung der Vielfalt sprachlich-kommunikativer Möglichkeiten darstellt (Heringer 1974, 19).

Sprachspiele
Dies hat zwei Gründe: Zum einen handeln Menschen auch als Sprecher und Sprecherinnen unter aktiver Nutzung der ihnen gegebenen sprachlichen Möglichkeiten; d.h. sie setzen die verfügbaren sprachlichen Mittel gezielt zur Verwirklichung ihrer kommunikativen Zwecke ein. Dieser aktive Umgang mit der Sprache bewirkt angesichts der Komplexität sprachlicher Mittel aber auch die Möglichkeit des „Spielens" mit verschiedenen Ebenen der Realisierung von kommunikativen Zwecken. Dieses „Spielen" mit der Sprache (oft als „uneigentlicher", „indirekter", „übertragener" Gebrauch bezeichnet) ist nicht, wie es lange Zeit gängige linguistische (und alltagstheoretische) Auffassung war, ein Sonderfall der Sprachverwendung, sondern ein grundlegendes Charakteristikum von Sprache und Sprechen überhaupt. Zum anderen entstehen Unterschiede (und Probleme) im Gebrauch sprachlicher Mittel aber auch dadurch, dass Menschen in unterschiedlichsten sozialen Gruppen, Arbeitszusammenhängen, Institutionen u.ä. leben und handeln; das Befolgen unterschiedlicher Regeln kann auch mit der Zugehörigkeit zu solchen unterschiedlichen sozialen Kontexten zusammenhängen. Eine semantische Theorie, die auf diese Gebrauchszusammenhänge von Sprache nicht eingeht, kann der Vielfalt der Bedeutungsmöglichkeiten sprachlicher Zeichen nicht gerecht werden. Wenn Wittgen-

stein sagt: „Lass dich die Bedeutungen der Worte von ihren Verwendungen lehren." (Wittgenstein 1971, S. 353), dann nimmt er auf diese
Verwendungszusammenhänge, die er unter dem Begriff „Sprachspiel" zusammengefasst hat, bezug.

In Wittgensteins Aussage steckt ein zweiter Aspekt, der für seinen
Bedeutungsbegriff wichtig ist. „Bedeutung" hat etwas mit dem Lehren von Sprache zu tun; der Bedeutungsbegriff betrifft Beispiele der
Verwendung, an denen die Regel der Verwendung eines Wortes gezeigt werden kann. „Bedeutung" ist nach Wittgenstein daher kein
„Gegenstand"; weder ein „Ding", das dem Wort „entspricht" (Wittgenstein 1971, § 42), noch ein „Bild" oder eine „Vorstellung" (a.a.O.
S. 90). Die Rolle des Verwendungsbeispiels für die Frage, nicht was
Bedeutung *ist*, sondern wie Bedeutung *beschrieben* und *erklärt* werden
kann, ist zentral für Wittgensteins Bedeutungsauffassung:

> „ ‚Die Bedeutung des Wortes ist das, was die Erklärung der Bedeutung erklärt.' D.h.: willst du
> den Gebrauch des Wortes ‚Bedeutung' verstehen, sieh nach, was man ‚Erklärung der Bedeutung'
> nennt." Wittgenstein 1971, § 560

Bedeutungen sprachlicher Zeichen werden aber immer durch Beispiele erklärt, durch „Vormachen und Nachmachen", wie Wittgenstein einmal gesagt hat. Jedes Wörterbuch arbeitet mit Belegstellen
für verschiedenste Verwendungen eines Wortes; und wer regelmäßig
(etwa fremdsprachliche) Lexika benutzt, der weiß, dass diese Verwendungsbeispiele oft diejenigen Informationen sind, die einem am besten weiterhelfen. Aber auch eine lexikalische Bedeutungsdefinition
stellt systematisch gesehen nichts anderes dar als eine Paraphrase
und damit ein Beispiel, ein Paradigma für die Verwendung eines
Ausdrucks. Die Erklärung einer Wortbedeutung durch Paraphrasen
ist eine praktische Demonstration dessen, was für die fragliche Bedeutung als „gleich" (gleiche Verwendung) angesehen werden kann.
Paraphrasierter und paraphrasierender Ausdruck müssen in gewisser
Hinsicht „gleich" sein, d.h. zu gleichen kommunikativen Zwecken
eingesetzt werden können, um eine „echte" Erklärung der Bedeutung
zu sein.

Indem für Wittgenstein die Verwendungen eines Wortes seine
Bedeutung erklären, und damit der Gesichtspunkt der Gleichheit
(zwischen den einzelnen, nach Situation und Kontext jeweils variierenden Verwendungsbeispielen) zentral für die Aneignung von
Wortbedeutungen und damit auch für den Bedeutungsbegriff wird,
ist zugleich das Zentrum des Begriffs der *Regel* getroffen, der für
Wittgensteins Sprachtheorie zentral ist. (Vgl. dazu die Aufsätze in
Heringer (Hrsg.) 1974. Zu Wittgensteins Regelbegriff vgl. auch die
ausgezeichnete Exegese in Baker/ Hacker 1985 und die Ausführungen in Baker/ Hacker 1984, 243 ff. und Baker 1987.) Im Gegensatz zu einem in der Linguistik weit verbreiteten Missverständnis des

Rolle der Beispiele

Regel

Charakters von „Regeln" hebt Wittgenstein hervor, dass das Befolgen einer Regel immer etwas zu tun hat mit der „Übereinstimmung der Menschen in einer Handlungsweise" *(so* Wittgenstein 1971, § 224*):* „Die Verwendung des Wortes ‚Regel' ist mit der Verwendung des Wortes ‚gleich' verwoben."(Wittgenstein 1971, § 225)

Regelformulierung

Die „Regel" bestimmt sich daraus, was in einer Gesellschaft als „die gleiche Handlungsweise" („das gleiche Sprachspiel") gilt. Zur „Regel" haben wir keinen anderen Zugang als über die Beobachtung der tatsächlich stattfindenden Praxis (z.B. der Verwendung eines Wortes) der Menschen. Es wäre deshalb falsch, die Regel als eine außerhalb der Praxis ihres Befolgens stehende Entität zu begreifen; vielmehr zeigt sich die Regel erst *in* dieser Praxis, und „die Praxis muss für sich selbst sprechen" (Wittgenstein 1970, § 139). Wichtig ist, dass eine Regelformulierung (wie sie etwa die Semantik für die Verwendungsregel eines Wortes erstellen könnte) nicht mit dieser Regel selbst gleichgesetzt werden darf: zwischen *Regel* und Regel*formulierung* besteht eine unüberbrückbare Differenz (vgl. dazu Heringer 1974, 22). Für den Sprachbenutzer selbst ist „nicht das Wissen einer Regel, sondern das Beherrschen eines Spiels" entscheidend (Wittgenstein 1971, § 31). „Einer Regel folgen [...] sind Gepflogenheiten (Gebräuche, Institutionen)." (Wittgenstein 1971, § 199)

Die Unterscheidung zwischen *Regel* und Regel*formulierung*, die, bezogen auf die Zwecke der Semantik, als Unterscheidung zwischen *Bedeutung* und Bedeutungs*beschreibung* übersetzt werden kann, ist insofern wichtig, als jede Regelformulierung (jede Bedeutungsbeschreibung), da sie ja immer nur als sprachliche Formulierung auftreten kann (die selbst wieder – anderen – Verwendungsregeln von Worten folgt) selbst erklärungsbedürftig ist. – Meist können wir erst, wenn es zu Kommunikations*konflikten* kommt, erkennen, ob wir (oder unsere Hörer/ Leser) von der Regel abweichen oder ob wir etwa verschiedenen Regeln folgen. Das Befolgen von Regeln ist konstitutiv für unser Verstehen von Wörtern und damit für Sprache schlechthin.

> „Zum Verstehen von Zeichen ist es notwendig, dass ihre Verwendung bestimmten Regeln folgt. Eine Sprache ist erst durch das Verstehen von Regeln konstituiert, und folglich heißt eine Sprache sprechen nichts anderes als die Regeln zu beherrschen, die diese Sprache konstituieren, d.h. nach diesen Regeln handeln bzw. Handlungen nach diesen Regeln verstehen zu können." Heringer u.a. 1977, 14.

Familienähnlichkeit

Nach Wittgenstein macht es auch keinen Sinn, die Bedeutung eines Wortes etwa mit der Gesamtheit aller Bedingungen, unter denen es angewendet werden kann, gleichzusetzen (Wittgenstein 1971, § 83). Die Verwendungsmöglichkeiten eines Wortes werden von vielen einzelnen Momenten bestimmt, doch kein einziges dieser Momente ist unersetzbar, wie wir schon bei der Diskussion der „wesentlichen Merkmale" der Merkmalsemantik (und der Verwendung von Wittgensteins Begriff der „Familienähnlichkeit" in der Prototypensemantik) gesehen haben. Zudem sind nicht alle Momente, die die Verwendung eines Wortes in der Vielzahl ihrer Anwendungsfälle haben kann, in Übereinstimmung miteinander zu bringen. (Siehe Wittgensteins Bild des Fadens, 1971, § 67. Vgl. Abb. 12, S. 55)

Wenn Sprachteilhaber semantische Ähnlichkeitsurteile fällen, so abstrahieren sie notwendig von einer Vielzahl von Aspekten, welche die jeweilige Verwendungssituation (-zweck) bestimmen. Die außer Acht gelassenen Aspekte können aber für andere Beschreibungszwecke wieder relevant sein. Diese Erkenntnis hatte auch die Vertreter der Stereotypen-Semantik (wie Lutzeier) dazu geführt, das „Stereotyp" von Gesichtspunkten und Standpunkten desjenigen, der über das Stereotyp verfügt, abhängig zu machen. Ein und dasselbe Verhalten kann durchaus mehreren verschiedenen Regeln zugeordnet werden, vor allem, wenn es sich um so komplexes Verhalten handelt wie sprachliches Handeln (Heringer 1974, 21). Vgl. Wimmer 1979, 31:

> „Jede einzelne Handlung als Befolgung einer bestimmten Regel ist aufgrund ihrer je einmaligen historischen Bedingtheiten von allen anderen Handlungen verschieden. Ihr Zusammenhang mit einer bestimmten Regel, der sie überhaupt erst als Handlung verstehbar macht, ist ein sozialer Zusammenhang der Geltung: In einer Gruppe gilt die Handlung als Befolgung einer bestimmten Regel und wird als solche verstanden."

Semantische Regeln sind sozial gesehen Konventionen von sozialen Gruppen über die Verwendung sprachlicher Zeichen. Die neuere sprachanalytische Konventionstheorie nach Lewis 1975 (vgl. dazu und zu ihrer Anwendung auf die linguistische Semantik ausführlich Busse 1987, 176 ff.) hat *Konvention* als eine Regularität im Verhalten der Angehörigen einer sozialen Gruppe definiert, die gesteuert ist (1) dadurch, dass ein soziales Koordinationsproblem zu lösen ist (etwa: seine Äußerung so einzurichten, dass man mit großer Wahrscheinlichkeit annehmen kann, dass der Andere diese Äußerung (a) überhaupt und (b) so, wie man sie gemeint hat, versteht), (2) dadurch, dass die Erreichung eines Interaktions-Ziels (verstanden zu werden) wahrscheinlicher ist, wenn man in einer Weise handelt, die gleich/ (funktional) ähnlich einer Handlungsweise ist, die in anderen, vorher erlebten Handlungssituationen (mit vergleichbaren Handlungszwecken) erfolgreich war, die mit der derzeitigen Handlungssituation (und -Zwecken; unter Berücksichtigung aller Umstände) vergleichbar sind. (Dabei ist es unwichtig, ob diese Präzedenzfälle erfolgreichen Sprach-Handelns nun aus eigenen Handlungen bestehen oder denen anderer, die man nur als Rezipient erlebt hat.)

Einer Konvention folgen heißt nach dieser Definition, nach erlebten erfolgreichen analogen Beispielfällen zu handeln; konventional (regelhaft) handelt daher, wer erfolgreichen Präzedenzfällen folgt. Das Handeln nach analogen Präzedenzen ist umso erfolgversprechender, je größer die Zahl der erfolgreichen vergleichbaren Handlungen ist. Die Konvention (bzw. Regel) wird deshalb durch jeden neuen Fall erfolgreichen Handelns (etwa der erfolgreichen Verwen-

*Konventionen*

*Präzedenzfälle*

dungsweise eines Wortes) bestätigt, indem dieser Fall (in den Handlungserfahrungen der Sprachteilhaber) zur Klasse der Präzedenzfälle hinzutritt. Durch diese ständige Erweiterung der Menge der Präzedenzfälle (der ein Verblassen älterer, nicht „aufgefrischter" Verwendungsbeispiele entsprechen kann) kann die Regel nicht nur bestätigt, sondern auch langsam verändert werden. Regel*veränderung* ist also ein Prozess, der der Regel*befolgung* notwendig innewohnt; Regelbefolgung und Regelveränderung können analytisch nicht scharf getrennt werden.

> „Die Bedeutungen von Ausdrücken sind [...] nicht abgeschlossen, sondern sie verändern sich ständig, und zwar in und durch Kommunikationen. Darum kann natürlich eine solche Definition auch durch die jeweils stattfindende Kommunikation geändert werden. Das kann gerade der Sinn der Kommunikation sein. Wenn jemand von vornherein die Bedeutung seiner Zeichen definitorisch festgelegt hätte, dann bräuchte er nicht mehr zu kommunizieren, weil er nichts Neues erfahren könnte." Heringer 1974, 100.

Welche Folgerungen ergeben sich nun aus dem Bedeutungs- und Regelbegriff des späten Wittgenstein und der ihm folgenden praktischen Semantik für die Semantik? Zwar erlaubt auch die praktische Semantik „Bedeutungen" etwa durch paraphrasierende Bedeutungsbeschreibungen zu erläutern, doch macht sie zugleich deutlich, dass diese Beschreibungen niemals mit der „Bedeutung an sich" gleichgesetzt werden können. Jede Beschreibung einer Bedeutung (jede Explikation, jede Interpretation) hat immer nur einen bestimmten, eingeschränkten Ausschnitt der Verwendungsmöglichkeiten, Zwecke, Handlungssituationen für ein Sprachzeichen im Blickwinkel, für die die Beschreibung gelten kann (die dann aber nicht für andere gilt). Deshalb bestimmt sich nach den jeweiligen Beschreibungszielen und Interessen, was jeweils als „die Bedeutung" paraphrasiert wird: Wie sich die Ziele, Situationen und Zwecke ändern, so können sich auch die „Bedeutungen" ändern.

Kontexte    Eine zweite Einsicht, die von der praktischen Semantik vermittelt wird, ist, dass ein sprachliches Zeichen nie isoliert vorkommt, sondern immer nur als Teil von Sätzen bzw. Äußerungen, die selbst wiederum eingebettet sind in Texte, Situationen, Kontexte und Handlungszusammenhänge, also die Handlungsgefüge, die Wittgenstein als „Sprachspiele" bezeichnet hat (vgl. Heringer 1974, 126). Mit der Erkenntnis, dass einzelne Wörter ihre Funktion (und damit ihre Bedeutung) immer erst als Teil eines übergreifenden sprachlichen und lebenspraktischen Zusammenhanges bekommen, erhält der Begriff der *Wortbedeutung* einen eindeutig *deskriptiven* Status. „Wortbedeutungen" kommen so, wie sie wissenschaftlich beschrieben werden, also nicht als Einheiten „an sich" (wie es in der lexikalischen Semantik nahegelegt wird) in der Sprachpraxis vor, sondern sind Teil der wissenschaftlichen Tätigkeit der Bedeutungs*beschreibung*.

> „Bedeutung in diesem Sinne wird also nur in der linguistischen Beschreibung angenommen, und dort kann sie selbstverständlich isoliert werden." Heringer 1974, 126. – Vgl. auch Schmidt 1969, 22: „Regeln sind also gebunden an sozial rekurrenten Gebrauch; in der linguistischen Analyse erscheinen sie als Ordnungsbegriffe, die die Gebrauchsrekurrenz in der Beschreibung abbilden." (Vgl. dazu auch Wimmer 1979, 29)

Es ist in der pragmatisch orientierten Linguistik auch davon gesprochen worden, dass ein Wort (im Sinne einer lexikalischen Einheit, eines Lexems) „als allgemeiner Titel für mögliche Verwendungsgeschichten" (des Wortes) fungiert (Schmidt 1969, 152). Das Wissen über die Verwendungsmöglichkeiten eines Wortes wäre dann ein Wissen darüber, wie dieses Wort an *Wissensbestände*, an durch andere Wörter, Wortfolgen (Sätze, Texte) repräsentierte Bedeutungshorizonte, an kommunikative, epistemische und alltagspraktische Ziele angeschlossen werden kann (vgl. Schmidt 1969, 99). Dieses Wissen wäre, als notwendig soziales, d.h. intersubjektives Wissen, organisiert in Form von Erwartungen (bzw. Erwartbarkeiten) über die semantisch-epistemische Funktion, welche die kommunikativen Partner dem Wort in den fraglichen sprachlichen und nicht-sprachlichen Zusammenhängen zumessen würden.

## 3.2 Intentionalistische Semantik

Eine besondere Spielart einer praktischen oder handlungstheoretischen Semantik ist die sogenannte „intentionalistische Semantik", wie sie vor allem vom amerikanischen Philosophen H.P. Grice skizziert wurde. In diesem Modell wird die „Bedeutung" (auch die sog. „lexikalische Bedeutung") in einem mehrstufigen Prozess auf Intentionen bzw. kommunikative Absichten der Zeichenverwender zurückgeführt. Grice geht aus von der Beobachtung, dass die Bedeutung, die ein Wort oder Satz in einer konkreten Situation hat, abweichen kann von dem, was er die „Standardbedeutung" nennt. Offenbar kann ein Wort oder Satz in einer konkreten Äußerung anders gemeint sein, als es der Standardbedeutung entspricht. (Linguisten würden hier zumindest beim Wort von der „lexikalischen Bedeutung" sprechen.) Aus diesem Grund nimmt Grice an, dass es einen Unterschied zwischen dem „Meinen" (dem in der aktuellen Situation mit einem Wort oder Satz Gemeinten) und der „Bedeutung" (im Sinne der lexikalischen oder Standard-Bedeutung) geben muss.

H. P. Grice
(1913-1988)

> **Stufen von „Bedeutung" im intentionalistischen Bedeutungsmodell von Grice:**
> (1) Bestimmung der „zeitunabhängigen Bedeutung" eines Äußerungstyps (= sprachliches Zeichen oder Zeichenkette)
> (2) Bestimmung d. „angewandten zeit-unabhängigen Bedeutung" eines Äußerungstyps
> (3) Bestimmung der „Situations-Bedeutung" eines Äußerungstyps

(4) Bestimmung des Situations-Meinens eines Sprechers

Dasselbe in üblichen linguistischen Termini ausgedrückt:
(1) Lexikalische Bedeutung (type)
(2) Disambiguierte lexikalische Bedeutung, Wortbedeutung in einem Text (token)
(3) Implizierte Bedeutung (z.B.: metaphorische Bedeutung)
(4) Das von einem Sprecher über (1-3) hinaus in einer Situation Gemeinte

Grice nimmt weiterhin an, dass die sprachtheoretische Grundlage der Bedeutung zunächst das aktuelle, situationsgebundene „Meinen" eines Sprechers ist, und dass die (situationsunabhängige) „Bedeutung" daraus abgeleitet werden muss. D.h. er geht von der Forderung aus, „dass die Bedeutung (im allgemeinen) eines Zeichens durch Rekurs auf das zu erklären ist, was die Zeichenbenutzer in konkreten Situationen mit ihm meinen (oder meinen sollten)" (Grice 1957, 6). Zur Erklärung des Phänomens „Bedeutung" greift Grice also zurück auf den Akt des Sprechers (oder Schreibers), d.h. auf die kommunikative Absicht (Intention), die ein Zeichenbenutzer konkret mit einem bestimmten Wort oder Satz verbindet. Er geht davon aus, dass diese Absicht, und damit die volle kommunikative Bedeutung eines Zeichens oder Satzes, durch die (situationsunabhängige) Standardbedeutung (bzw. lexikalische Bedeutung) der Zeichen häufig nicht vollständig erfasst ist. Der Rückgriff auf solche Standardbedeutungen kann also die aktuelle Bedeutung nicht hinreichend erklären.

Meinen        Aus diesem Grunde vermutet Grice den sprachtheoretischen Schlüssel für das Phänomen der Bedeutung in den Absichten (Intentionen) der Sprachproduzenten. Das „Meinen" eines Sprechers (utterer's meaning) definiert Grice dann folgendermaßen: „ ‚S meinte etwas mit x' ist (in etwa) äquivalent mit ‚S beabsichtigte (intendierte), dass die Äußerung von x bei einem Hörer eine Wirkung mittels der Erkenntnis dieser Absicht (Intention) hervorruft'." (Grice 1957, 11) Auffällig ist, dass der Gegenstand der Definition (und also der Bezugspunkt der situationsgebundenen Bedeutung) nicht ein „Wort" oder „Satz" ist, sondern die „Äußerung". Damit kann er nur die vollständige kommunikative Handlung gemeint haben, die primär nicht als eine Einheit des Sprachsystems aufgefasst werden darf, sondern als eine Einheit des konkreten Sprechens, mit allen Situations- und Kontextbezügen. Das Wort „Äußerung" hat eine gewisse Akt-Objekt-Ambiguität, d.h. man kann damit sowohl eine Handlung, als auch das Produkt der Handlung bezeichnen. Diese Ambiguität lässt es in Grice's Definition offen, was eigentlich Bedeutung haben soll, die kommunikative Handlung oder die in ihr geäußerte Zeichenfolge. Grice macht, indem er diese Doppeldeutigkeit zulässt, den ersten Schritt von einer traditionellen Bedeutungstheorie (die nur „lexikalische" Bedeutungen kennt) zu einer Theorie des kommunikativen Handelns.

Absicht        Der zweite zentrale Begriff in Grice's Definition ist der der *Absicht* (Intention). Von Absichten redet man normalerweise im Zusammenhang mit Handlungen; indem Grice diesen Terminus als fundamental für das Phänomen Bedeutung ansieht, macht er seine Bedeutungstheorie auch mit diesem zweiten Begriff zu einer Handlungstheorie. Der Äußernde intendiert, dass der Verstehende die Äußerung so versteht, wie er sie gemeint hat; und zwar aufgrund der Tatsache, dass der Verstehende die Intention erkennt, die der Äußernde mit der Zeichenfolge (bzw. mit dem Äußern der Zeichenfolge) verfolgt hat. Grice (1968,20) definiert dann die Sprecher-Intention folgendermaßen:

> „ ‚S meinte etwas mit dem Äußern von x‘ ist wahr genau dann, wenn für einen Hörer H gilt: S äußerte x mit der Absicht, dass (1) H eine bestimmte Reaktion r zeigt, (2) H glaubt (erkennt), dass S (1) beabsichtigt, (3) H (1) aufgrund seiner Erfüllung von (2) erfüllt.“

Anders ausgedrückt heißt das: Mithilfe einer sprachlichen Äußerung versucht eine Person S einer Person H einen bestimmten Inhalt zu vermitteln. Der Sprecher äußert einen bestimmten Ausdruck (bzw. eine Folge von Ausdrücken) x und beabsichtigt dabei: (1) dass der Hörer danach den Inhalt, den S kommunizieren will, kennt; (2) dass der Hörer erkennt, dass S ihm diesen Inhalt zu übermitteln beabsichtigt; und (3) dass die Erkenntnis der Sprecher-Absicht (2) für den Hörer der Grund dafür ist, den Inhalt zu kennen, den der Sprecher ihm kommunizieren will (also für (1)). Die Bedingungen, die Grice hier formuliert, und die gegeben sein müssen, wenn man von einem „Meinen" eines Sprechers reden will, sind letztlich nichts anderes als Bedingungen für *kommunikative Handlungen*. Deutlich wird durch diese Definition, dass das Gelingen von solchen Handlungen (und damit auch das Phänomen „Bedeutung") sehr viel mit den *Erwartungen* zu tun hat, die Sprachteilhaber aufgrund ihres sprachlichen und kommunikativen Wissens einander gegenüber hegen. Der Begriff „Erwartungen" ist daher nicht nur für die Definition der „Konvention" wichtig (wie wir bei Lewis gesehen haben), sondern ebenso für die Definition von „sprachlichem Handeln" bzw. von „Bedeutung".

Grice unterscheidet dann die erwähnten vier verschiedenen Formen von Bedeutungsbestimmungen. Implizit sind damit vier verschiedene Weisen angesprochen, in denen wir den Terminus „Bedeutung" (i. S. des engl. „meaning") gewöhnlich verwenden. Damit wird zugleich klar, dass „Bedeutung" kein einheitliches Phänomen ist, sondern dass wir diesen Terminus für durchaus Verschiedenes, d.h. für sprachtheoretisch noch näher zu differenzierende Phänomene, benutzen.

Der Typ (1) betrifft u.a. dasjenige, was häufig als „wörtliche Bedeutung" bezeichnet wird und kann sich sowohl auf einzelne Wörter wie auf ganze Sätze beziehen. Gemeint sind sprachliche Zeichen oder Zeichenketten als Einheit der *langue*, des Sprachsystems. „Bedeutung" auf dieser Ebene ist dann eine allein aus den Regeln des Sprachsystems erschließbare Bedeutung, ohne alle Situationsinformationen.

Erwartungen

Der Typ (2) bezieht sich auf dasjenige, was Linguisten die „kontextuelle Disambiguierung" eines Wortes oder Satzes nennen. D.h., die auf lexikalischer Ebene noch bestehende Mehrdeutigkeit (Ambiguität) muss aufgelöst werden. Dies geschieht bei Wörtern meist schon durch die anderen Zeichen im Satz, bei Sätzen durch den Gebrauchskontext.

Von dieser Stufe, die noch deutlich auf der Ebene der Konvention bzw. des Sprachsystems liegt, unterscheidet Grice streng den Typ (3), nämlich die „Situations-Bedeutung eines Äußerungstyps". Dazu zählt er all das, was häufig fälschlich dem individuellen „Meinen" eines Sprechers zugerechnet wurde: nämlich implizite (mitgemeinte) Bedeutungen wie z.B. metaphorische Bedeutungen, Ironie usw. (Häufig sind Metaphern selbst schon in gewissem Sinne konventionalisiert.)

Der Typ (4), nämlich das situationsgebundene „Meinen" eines Sprechers, ist für Grice wenigstens z.T. ein individualpsychologisches Faktum, nämlich die konkreten Zwecke, die ein Sprecher mit der Äußerung einer bestimmten Zeichenkette konkret verfolgt. Wichtig ist, dass im Übergang von (3) zu (4) die Akt-Objekt-Ambiguität des Begriffs „Äußerung" eingreift: Während in (3) noch von der Bedeutung des „Objekts" (also der Zeichenkette, die Grice „Äußerungstyp" nennt) die Rede ist, geht es in (4) um dasjenige, was der Sprecher mit einem konkreten Äußerungsakt gemeint hat.

Da Grice keine eigene explizite Theorie der semantischen Konvention formuliert hat (dass es dennoch genügend anschlussfähige Andeutungen dazu von ihm gibt, wurde in Busse 1991a, 43 ff. nachgewiesen), kann er selbst letztlich den für die linguistische Semantik zentralen Begriff der „Lexikalischen Bedeutung" noch nicht vollständig erklären, doch er liefert das Rüstzeug dazu.

### 3.3 Semantische Gegenstände der „Linguistischen Pragmatik": Präsuppositionen, Deixis, Implikaturen

Pragmatik ist Semantik

Nach gängiger Auffassung unter Linguisten stellt die sog. „Linguistische Pragmatik" ein eigenständiges Forschungsgebiet, und somit nach der Meinung Vieler auch einen eigenständigen Phänomenbereich dar, wobei man davon ausgeht, dass beides (Forschungsgebiet, d.h. ein Bereich von Theorien, Modellen, Methoden, sowie der sprachliche Phänomen- oder Gegenstandsbereich selbst, auf den sich diese Forschung bezieht) deutlich von der linguistischen *Semantik* (Theorien und der sprachliche Phänomenbereich, auf die sie sich beziehen) unterschieden werden kann. Aus Sicht einer sich als umfassende Analyse aller Bedeutungsaspekte der Sprache verstehenden Semantik sieht die Sache freilich schon ganz anders aus. Wenn man davon ausgeht, dass eine linguistische Bedeutungsanalyse *alle* Phänomene, die man irgendwie zu der bedeutungshaften Leistung der sprachlichen Mittel hinzurechnen kann, zu ihrem Gegenstand haben sollte, dann fallen plötzlich viele, wenn nicht die meisten, Phänomenbereiche, mit denen sich die „Linguistische Pragmatik" beschäftigt, eigentlich in den Gegenstandsbereich der Semantik. Zu solchen eigentlich semantischen Gegenstandsbereichen, die heute aber meist zur Pragmatik gerechnet werden, zählen insbesondere die Analyse von Präsuppositionen, von Implikaturen und die Deixis. Auf diese drei Gegenstandsbereiche werde ich daher nachfolgend kurz eingehen.

Nach dem üblichen Verständnis könnte der Begriff „Linguistische Pragmatik" etwa folgendermaßen definiert werden:

**Übliche Definition von „Linguistische Pragmatik":** „Diejenigen linguistischen Untersuchungen, die notwendigerweise auf Aspekte des Kontextes des Gebrauchs von sprachlichen Zeichen und dessen Beziehung zu den Zeichenbenutzern Bezug nehmen."

(Sinnvoller wäre indes sicherlich eine Definition, die den Bedeutungsaspekt „handeln", der etymologisch in dem Wort „Pragmatik" steckt, ernster nähme. Eine solche Definition könnte etwa folgendermaßen lauten: „Diejenigen Untersuchungen, welche die Sprache und ihren Gebrauch unter dem Aspekt untersuchen, dass sprachliche Kommunikation eine spezifische Form menschlichen Handelns und sozialer Interaktion darstellt." Eine solche Definition lässt sich in den gängigen Einführungen und Handbüchern jedoch kaum je finden.)

Das Entstehen der „Linguistischen Pragmatik" war vor allem eine Reaktion auf die Erklärungsdefizite der bis dahin existierenden Form von Sprachwissenschaft, insbesondere der Semantik. Der semantische Einschlag wird deutlich, wenn man sich die wichtigsten Ausgangsfragen anschaut, die zur Entstehung der neuen „pragmatischen" Theorien und Überlegungen geführt haben:

**Ausgangsprobleme der Linguistischen Pragmatik (Erklärungsdefizite der klassischen Sprachauffassungen):**
- Rolle der deiktischen (indexikalischen) Ausdrücke (Personal-, Temporal-, Lokaldeixis)
- Wissensabhängigkeit der Bedeutungen
- Keine Universalität der semantischen Merkmale, Kontextabhängigkeit
- Die Grammatikalität von syntaktischen Konstruktionen ist z.T. verwendungs- und situationsabhängig
- „Bedeutung" ist nicht auf Wahrheitsbedingungen reduzierbar
- Probleme der semantischen Beschreibung und Erklärung der Eigennamen

Schon ein einfacher Blick auf die Inhaltsverzeichnisse der gängigen Einführungen in die Linguistische Pragmatik zeigt, dass es meist um Fragen der Bedeutung im weiteren Sinne geht:

**Gegenstandsbereiche der linguistischen Pragmatik (nach Levinson 1990):**
- Deixis
- Präsuppositionen
- Implikaturen, Mitgemeintes
- Sprechakte
- Gesprächsstrukturen

Von den z.B. bei Levinson 1990 genannten fünf Teilgebieten der Pragmatik betreffen mindestens die ersten drei im wesentlichen Aspekte der semantischen Leistung sprachlicher Einheiten bzw. kommunikativer Äußerungen. Allenfalls die von den Philosophen Austin und Searle begründete Sprechaktanalyse (die den Startschuss zum Entstehen der „Linguistischen Pragmatik" gegeben hat), sowie die Gesprächsanalyse (die ihren Ursprung in der Soziologie hatte und nach auch heute noch manchmal zu hörender Meinung mancher Linguisten eigentlich dort besser aufgehoben wäre), betreffen Phänomene, deren Zugehörigkeit zur Semantik i.e.S. man bestreiten kann. Aus den genannten Gründen hat Gazdar (1979) die sog. linguistische Pragmatik in folgenden Worten recht treffend charakterisiert:

---

**Definition von „Pragmatik" nach Gerald Gazdar (1979) [sog. „Gazdar-Formel"]:**
„Die Pragmatik hat jene Bedeutungsaspekte von Äußerungen zum Thema, die man mit direktem Bezug auf die Wahrheitsbedingungen des geäußerten Satzes nicht erklären kann."
Vereinfacht: Pragmatik = Bedeutung minus Wahrheitsbedingungen"

---

Danach würde die Pragmatik all die semantischen Phänomene betreffen, die mit der „Wahrheitswertanalyse", also dem Bedeutungsmodell der „Logischen Semantik" nicht zutreffend beschrieben oder erfasst werden können. Und dies ist, wie wir gesehen haben, fast alles, was an der Semantik von größerem Interesse ist. Man kann daher aus Sicht einer nicht reduktionistisch verfassten linguistischen Semantik auch sagen: „Pragmatik" ist Semantik; genauer: der Teil der Semantik, der sich verstärkt mit solchen kontext-, gebrauchs- und benutzerabhängigen Aspekten der bedeutungshaften Leistung sprachlicher Einheiten und ihrer Benutzung zu kommunikativen Zwecken befasst, die von den „klassischen" Modellen der linguistischen Semantik (vor allem: Logische Semantik und Merkmalsemantik) nicht erfasst werden. Ich halte daher (merke aber: *gegen* die Mehrheitsmeinung der meisten Linguisten) die Forschungs-/ Phänomenbereiche *Deixis, Präsuppositionen* und *Implikaturen* für wichtige Gegenstände der Semantik, die jede Bedeutungstheorie, die ihren Namen wert sein will, erklären können muss. Dies rechtfertigt es m.E., auch in einer Einführung in die Semantik wenigstens kurz auf sie einzugehen.

---

**Arten von Deixis:**

| | |
|---|---|
| – Personendeixis | = Enkodierung der Rolle der Partner im Sprechereignis |
| – Raumdeixis | = Enkodierung des räumlichen Standortes relativ zu den Standorten der Teilnehmer am Sprechereignis |
| – Zeitdeixis | = Enkodierung von Zeitpunkten und Zeitspannen relativ zu der Zeit, wann eine Äußerung produziert wurde |
| – Text-/Diskursdeixis | = Enkodierung der Bezugnahme auf Teile des sich entfaltenden Textes/ Diskurses |
| – Sozialdeixis | = Enkodierung gesellschaftlicher Unterscheidungen relativ zu den Sprecherrollen |

**Deixis.** Unter „Deixis" (neugebildet aus altgriechisch δειϰνυμι [deiknümi] = „zeigen"; älterer Terminus: „indexikalische Ausdrücke" = deiktische Ausdrücke) versteht man die Bezugnahme auf Eigenschaften des Kontextes einer Äußerung oder des Sprechereignisses mittels spezieller sprachlicher Ausdrücke oder grammatischer Mittel. Man unterscheidet heute folgende Formen von Deixis:

Die *Personendeixis* wird insbesondere bei der Beschreibung der Bedeutung von Personalpronomina wie *ich, du, er, sie, es, wir, ihr sie* (und der mit ihnen zusammenhängenden grammatischen Kategorie „Person" in der Konjugation der Verben) wichtig. So erfordert die korrekte Interpretation eines Pronomens wie *du* (oder der Höflichkeitsform *Sie*), d.h. hier: die Feststellung, welches Referenzobjekt mit diesem Ausdruck genau bezeichnet werden sollte, immer dann, wenn mehr als zwei Personen anwesend und am Gespräch beteiligt sind, ein präzises kontextuelles Wissen, das meist durch den bisherigen Gesprächsverlauf oder Rahmenbedingungen der Situation aufgebaut worden ist (wen genau hat im Moment der Sprecher/ die Sprecherin mit *du* oder *Sie* gemeint?). Insbesondere die pauschalisierenden Personalpronomina wie *wir* und *sie* (Plural) sind in ihrer Verwendung und genauen Referenz oft extrem subtil und setzen ein komplexes Wissen voraus, dessen Wirksamwerden in der angemessenen Interpretation wahrscheinlich nur mit den Mitteln einer Frame-Analyse genauer herausgearbeitet werden kann.

Personen-Deixis

---

**Das deiktische Potential von *wir*:**
1) Lehrer und Schüler (nicht-gleichberechtigte Kommunikationsteilnehmer)
   *Wir wollen uns jetzt Aufgabe fünf ansehen.*
   *Wir haben uns in der letzten Vorlesung mit der Frage beschäftigt, ...* (potentiell inklusives *wir*)
2) Verweisgruppe Familie: *Wir gehen immer nach Mallorca in den Urlaub.*
3) Verweisgruppe Bewohner eines Ortes/ Landes:*Wir haben viel zu wenig Kinderkrippen.*
4) durch gruppenkonstitutives Merkmal gebildete Verweisgruppe:
   *Wir sollten uns bemühen, mehr ausländische Fachkräfte ins Land zu holen.*
   (Gruppe: die Deutschen)
   *Wir spielen immer nach den offiziellen Schachregeln.* (Gruppe: Schachverein)
5) Verweisgruppe, alle potentiell Betroffenen:
   *Wir müssen damit rechnen, dass immer neue Technologien unser Leben verändern.*
6) Verweisgruppe: die Menschen: *Wir sind gefühls- und verstandbestimmte Wesen.*
7) Plural majestatis: *Wir haben uns dafür ausgesprochen, dass... .* (Einzelperson)
8) Verweisgruppe: Patient bzw. Arzt-Patient: *Wir wollen jetzt mal die Tabletten weglassen. –*
   *Wir wollen doch wieder gesund werden!*
9) Exklusives *wir*: *Sind wir jetzt endlich soweit. – So, haben wir jetzt ausgeschlafen?*
(Zit. n.: Markus Hundt, Vorlesung: Grammatik und Pragmatik. http://rcswww.urz.tudresden.de/ ~kjakob/inhalt/folien_grammatik/material/ Folien_ZVII/ Deixis_ZVII.doc)

---

Dies kann am deiktischen Potential von *wir* demonstriert werden (siehe Kasten). Man sieht an diesen Beispielen sehr gut, wie komplex teilweise das Wissen ist, das man benötigt, um die genaue Referenz des jeweiligen *wir* zu erfassen. Ohne präzise Kenntnisse von Kontext und Situation sind solche deiktischen Ausdrücke schlicht nicht interpretierbar.

Raum-Deixis        Klassischer Gegenstand der Erforschung indexikalischer (bzw. deiktischer) Ausdrücke ist auch die *Raum-* oder *Lokaldeixis.* Raumbezogene Ausdrücke können nicht angemessen verstanden werden, wenn man nicht das Koordinatensystem berücksichtigt, aus dem heraus die raumbezogenen Ausdrücke von einem Sprecher benutzt worden sind. Der Sprachpsychologe Karl Bühler (1934) hat dieses Koordinatensystem die „Ich-hier-jetzt-Perspektive des Sprechers" (oder auch „Ich-Origo" oder „Origo des Zeigfeldes", von lat. origo = Ursprung) genannt. In einer gegebenen Kommunikationssituation zwischen zwei gleichzeitig anwesenden Kommunikationspartnern kann der Sprechende bei der Wahl seiner raumdeiktischen Ausdrücke entweder seine eigene Origo oder die Origo des Gegenübers zugrundelegen. Das führt dazu, dass ein einfacher Satz wie *Kannst du mir mal den Stuhl rechts von dir geben?* hinsichtlich der Raum-Referenz zwei gegensätzliche Bedeutungen hat, je nachdem, ob der Sprechende gemeint hat: *rechts von dir aus meiner Sicht* oder *rechts von dir aus deiner Sicht.* Man kann daher die Raumdeixis auch definieren als die „Spezifizierung von Standorten bzw. Orten von Bezugsobjekten relativ zu Ankerpunkten im Sprechereignis". Wichtige Unterscheidungen sind: (a) „Absolute" (beschreibende) und „deiktische" Benennung von Orten. *Der Bahnhof ist 200 Meter entfernt* ist deiktisch, während *Der Bahnhof ist 200 Meter vom Dom* eine absolute Raumangabe enthält, also nicht deiktisch im strengen Sinne ist. (b) „Ex-" vs. „intrinsische Deixis": viele Objekte der Alltagswelt (z.B. Lebewesen, Dinge, Gebäude) weisen eine Art „eingebaute deiktische Perspektive oder Richtung" auf. *Da vorne ist ein Parkplatz hinter dem roten Mercedes frei* kann bedeuten: *der Parkplatz, der sich an das Heck des Mercedes anschließt,* aber ebenso gut: *der Parkplatz, der aus unserer derzeitigen Position hinter dem Mercedes liegt, also der, der sich an seine Front anschließt.* In manchen Fällen, wie bei Personen, ist die Präferenz für die intrinsische Deixis nahezu zwingend (*Siehst du nicht, der Ball liegt doch vor dir* werden wir immer interpretieren als *vor der Seite der Person, an der ihr Gesicht ist*); bei anderen Objekten, z.B. bei Gebäuden, ist dies nicht immer zwingend. (So kann der Satz *Wir treffen uns vor dem Bahnhof* je nach räumlichen Gegebenheiten und Alltagswissen uneindeutig sein und zu Missverständnissen führen.)

Zeit-Deixis        Auch in der *Zeitdeixis* können die Verhältnisse recht subtil werden. Auch hier gibt es feste Koordinatensysteme. Wichtig ist etwa der Unterschied zwischen *Kodierungszeit* (CT) und *Rezeptionszeit* (RT). Ein Beispiel: *Ich schreibe diesen Brief Kaffee trinkend.* (Referenzpunkt des Koordinatensystems: CT) vs. *Ich schrieb diesen Brief Kaffee trinkend.* (Referenzpunkt des Koordinatensystems: RT). Einige recht subtile Aspekte der Semantik zeitdeiktischer Ausdrücke sind bereits zum Gegenstand und Demonstrationsobjekt wissensbezogener semantischer Analysemethoden (vor allem der Frame-Semantik) geworden.

Vergleicht man z.B. die Sätze *Ich fahre diese Woche nach Korsika* und *Ich fahre diesen August nach Korsika* dann stellt man fest, dass im ersten Fall der Ausdruck *diese Woche* die Zeitperiode (hier: Woche), in der sich Sprecher/ Schreiber und Adressat gerade befinden, einschließt (also ist das *diese* hier inklusive CT gemeint), während im zweiten Fall das *diesen August* auf einen Zeitraum Bezug nimmt, der die CT ausschließt. Ausführlich interpretiert bedeutet *diesen August* also eigentlich *im August diesen Jahres* (ist technisch gesprochen also eine *Ellipse*), und dann ist der CT eben doch wieder eingeschlossen. Man sieht daran, wie deiktische Ausdrücke häufig sehr subtile semantische Zusammenhänge nutzen, die ein umfassendes Weltwissen voraussetzen, das den Sprechern häufig unbewusst bleibt, aber in der semantischen Analyse explizit gemacht werden muss.

Die *Text-* oder *Diskursdeixis* bezieht sich auf Verweisungen zu vorherigen Abschnitten eines Textes oder Gesprächs. Also z.B. Äußerungen wie *Ich wette, diese Geschichte kennst du nicht* oder *Das war die lustigste Geschichte, die ich je gehört habe.* Gerade in schriftlicher Kommunikation werden aufgrund der besonderen räumlichen Verhältnisse in der bei uns üblichen seiten- und zeilenweise angeordneten linearen Struktur von Schrifttexten häufig auch raumdeiktische Ausdrücke benutzt wie z.B. *Wie ich oben ausgeführt habe ...* Da das Durchlaufen der linearen Abfolge der Zeichen in der Zeichenkette eines sich entfaltenden Textes oder Diskurses beim Schreiben/ Sprechen und/ oder Lesen/ Hören ein Prozess ist, der in der Zeit abläuft, werden für die *Text-* oder *Diskursdeixis* häufig auch zeitdeiktische Ausdrücke benutzt, wie z.B. *Anknüpfend an das im letzten Kapitel Gesagte ...* oder (auch in Schrifttexten möglich!) *Wie ich eben ausgeführt habe ...* In diesen Fällen handelt es sich im Grunde um einen *metaphorischen* Gebrauch der benutzten raum- oder zeitdeiktischen Ausdrücke. *Text-Deixis*

Mit *Sozialdeixis* ist der Verweis auf soziale Rollen, Status u.ä. gemeint. Dazu gehören im Deutschen etwa die Anredeformen *du* und *Sie*, deren Gebrauch immer auch Rückschlüsse auf den sozialen Status des/ der Angesprochenen in Relation zu dem/ der Sprechenden/ Schreibenden erlaubt. Andere sozialdeiktische Mittel sind nicht relational, sondern werden absolut verwendet (unabhängig vom Status des Zeichenbenutzers), wie z.B. die Anrede *Herr Präsident*. In manchen Sprachen bzw. Kulturen, so z.B. in Südostasien, existieren z.T. hochgradig ausdifferenzierte Systeme sozialdeiktischer sprachlicher Mittel (z.B. Personal- bzw. Anredepronomina) die Rücksicht auf diffizilste Konstellationen sozialer Relationen aus Verwandtschaft, gesellschaftlicher Stellung, Alter, Geschlecht usw. nehmen können. *Sozial-Deixis*

**Präsuppositionen.** Ein für die Satz- und Textsemantik (teilweise aber auch für die Wortsemantik) äußerst wichtiger Gegenstand der Linguistischen Pragmatik, der bei näherer Betrachtung eigentlich ein zentraler Gegenstand der Semantik sein sollte, sind die sogenannten *Präsuppositionen* (aus engl. *presupposition* = *Annahme, Voraussetzung*). Gemeint ist die Tatsache, dass ein gesprochener oder geschriebener *Präsupposition*

Satz (eine Aussage) A zum angemessenen Verstehen oder für die Annahme seiner Gültigkeit/ Wahrheit eine andere Aussage B als gültig voraussetzt, die aber nicht explizit sprachlich ausgedrückt (verbalisiert) ist. Die Untersuchung von Funktion und Wirkung der sog. Präsuppositionen bewegt sich also im Bereich der Untersuchung des verstehensrelevanten Wissens, insofern dieses deutlich über das Wissen hinausgeht, das in klassischen semantischen Theorien noch zum semantischen Wissen der in einer Äußerung verwendeten Zeichen selbst gerechnet wird. Ihren Ursprung hatte die Diskussion der Präsuppositionen daher v.a. in der *logischen Semantik*, da sie insbesondere für diese Theorie(n) ein großes Problem darstellen. Erwähnt wird das Problem erstmals bei den Logikern Gottlob Frege und Bertrand Russell; auf den Begriff gebracht wurden sie erstmals in einer Arbeit des britischen Philosophen Strawson.

---

**Definition der Präsupposition bei P. F. Strawson (1950):**

„Eine Aussage A präsupponiert eine Aussage B, wenn B eine Vorbedingung der Wahrheit oder Falschheit von A ist."

---

Ein Standardbeispiel der klassischen logischen Diskussion sind die sog. *Existenzpräsuppositionen*. Gemeint ist, dass jeder sprachliche Ausdruck, der auf ein Bezugsobjekt Bezug nimmt (referiert) präsupponiert (voraussetzt), dass dieses Objekt tatsächlich existiert. So ist in einem Satz wie *Der König von Frankreich ist weise.* als wahr unterstellt (präsupponiert) *Es gibt einen König von Frankreich.* Aussage B ist daher in der Aussage A auf irgendeine Weise logisch oder semantisch enthalten. Nachdem das Phänomen „Präsupposition" einmal entdeckt und benannt war, entstand relativ schnell eine lange Liste von Beispielen, die diesem Begriff (Phänomenbereich) zugeordnet wurden:

---

**Typen von Präsuppositionsauslösern (nach Levinson 1990, 169 ff.):**
(1)  Existenzpräsuppositionen
(2)  Faktive Verben: *Rita bedauert, Hans getroffen zu haben.*
      präsupponiert: *Rita hat Hans getroffen.*
(3)  Implikative Verben: *Holger schaffte es, die Tür zu öffnen.*
      präsupponiert: *Holger versuchte, die Tür zu öffnen.*
(4)  Verben der Zustandsveränderung: *Peter hörte auf, seine Frau zu schlagen.*
      präsupponiert: *Peter hatte seine Frau geschlagen.*
(5)  Iterativa: *Die fliegende Untertasse kam wieder.*
      präsupponiert: *Die fliegende Untertasse war zuvor da.*
(6)  Verben der Beurteilung: *Luise bezichtigte Jan des Plagiats.*
      präsupponiert: *Luise findet, Plagiat ist schlecht.*
(7)  Temporalsätze: *Seit Churchill starb, fehlt es an Führerfiguren.*
      präsupponiert: *Churchill starb.*                usw.

---

Es besteht bis heute große Uneinigkeit darüber, welche Phänomene genau zu den „Präsuppositionen" hinzugerechnet werden sollen, und welche zu anderen Formen der Beziehungen zwischen Sätzen (Aussagen), wie z.B. *Implikationen, Folgerungen, Implikaturen* usw. Nach Strawson sind Präsuppositionen eine besondere Form von *Inferenz (Schlussfolgerungen)*. Aus semantischer und verstehenstheoretischer Perspektive gesehen stellen die sehr heterogenen Beispiele, die in der Forschungsliteratur für die sog. Präsuppositionen genannt werden (und von denen fraglich ist, ob sie überhaupt einen einheitlichen und geschlossenen Phänomenbereich darstellen oder nicht in verschiedenartige Phänomene zerfallen) nichts anderes dar als einen Hinweis auf die Tatsache, dass wir zum angemessenen Verstehen sprachlicher Äußerungen häufig auf Wissensbestände zurückgreifen müssen, die von den klassischen semantischen Theorien (Logische Semantik, Merkmalsemantik) nicht erfasst, und folgerichtig nicht zur „Bedeutung" sprachlicher Einheiten hinzugerechnet worden sind.

Manche sog. Präsuppositionen lassen sich den *Implikaturen* nach H. P. Grice zuordnen, andere sind Teil der *lexikalischen Bedeutung* der betreffenden Wörter (z.B. präsupponiert das Wort *speisen* in seiner wörtlichen Bedeutung, dass das ausführende Subjekt der von diesem Verb benannten Handlung das Merkmal „menschlich" aufweisen muss; manche sprechen dann von *semantischen* oder *lexikalisierten Präsuppositionen*). Im Gegensatz zur üblichen Zuordnung der Präsuppositionen zur *Linguistischen Pragmatik* gehe ich jedoch davon aus, dass der mit diesem Begriff üblicherweise bezeichnete Phänomenbereich einer der wichtigsten Gegenstände der linguistischen Semantik ist, insbesondere der *Satz-* und *Textsemantik*, jedoch mit starken Rückwirkungen auch auf die *lexikalische* oder *Wortsemantik*. Man wird die Präsuppositionen daher letztlich nur mit den Methoden einer wissensanalytischen Semantik angemessen erklären und beschreiben können. Ein wichtiger Schritt in diese Richtung ist die Frame-Semantik von Fillmore, der in seinen Arbeiten zahlreiche Beispieltypen analysiert, die zum klassischen Gegenstandsbereich der Präsuppositionsforschung gerechnet werden. (Fillmore teilt die Auffassung, dass es sich dabei um *semantische* Phänomene handelt, die von einer semantischen Theorie und Forschung erklärt werden müssen.)

**Implikaturen.** Der Begriff der *Implikatur* wurde von H. P. Grice im Rahmen der Begründung seiner Theorie einer auf dem Begriff der Intention aufbauenden Semantik eingeführt. Es handelt sich bei den Implikaturen um einen bestimmten Typ von verstehensermöglichenden Schlussfolgerungen, sogenannte *Inferenzen*. Auch dieser Begriff hat mittlerweile zu einer äußerst umfassenden Forschungsdiskussion geführt, die gewöhnlich der Linguistischen Pragmatik zugerechnet wird.

Implikaturen

**Beispiele für Implikaturen:**
(1)   A:   *Wo ist Michael?*
       B:   *Vor Susannes Haus steht ein gelber Golf.*
(2)   A fragt B über einen gemeinsamen Freund C, der jetzt bei einer Bank arbeitet, wie es C bei seinem Job so gehe, und B antwortet:
       *Oh, ganz gut, nehme ich an; er mag seine Kollegen und ist bislang noch nicht ins Gefängnis gekommen.*                                        (nach Grice 1975)

Man könnte es so sehen: Auch bei den Implikaturen geht es in gewissem Sinne um „hinzuzudenkende Sätze" oder Informationen. So bei Beispiel (1) etwa die Informationen *Michael hat einen gelben Golf. Wenn ein gelber Golf vor Susannes Haus steht, dann ist es sehr wahrscheinlich, dass Michael gerade bei Susanne ist.* Es verwundert daher nicht, dass die Implikaturtheorie alsbald als eine der Methoden genannt wurde, mit denen man Präsuppositionen (eines bestimmten Typs) analysieren kann. Grice formuliert für den Inferenzprozess, der zum intendierten Verstehen einer Implikatur führt, ein komplexes Modell, welches auf von ihm formulierte sog. „Konversationsmaximen" und deren scheinbare Verletzung durch die „wörtliche" Bedeutung der geäußerten Sätze Bezug nimmt. (Aufgrund seiner Komplexität kann das Modell im Rahmen dieser Einführung nicht ausführlich erläutert werden; siehe dazu aber Levinson 1990, 100 ff.) Da auch Implikaturen (wie die Präsuppositionen) teilweise direkt mit der konventionellen Bedeutung sprachlicher Mittel zusammenhängen, mit ihr sozusagen „spielen", um weitergehende verstehensermöglichende Schlussfolgerungen anzuregen, halte ich die mit diesem Begriff gemeinten Phänomene ebenfalls für einen Aspekt der Bedeutung sprachlicher Äußerungen, der von jeder umfassend angelegten semantischen Theorie erklärt werden können muss. (Zur näheren Begründung dieser Auffassung siehe Busse 1987, 122 ff.)

Deixis, die sog. Präsuppositionen, und die Implikaturen stellen Phänomene dar, bei denen in verschiedenen Weisen auf verstehensrelevantes Wissen zurückgegriffen wird, das über dasjenige, das auf dem Bildschirm bisheriger linguistisch-semantischer Modelle auftauchte, deutlich hinausgeht. Man kann sie daher nur in einer verstehenstheoretisch reflektierten Semantik angemessen erklären (die ich eine epistemologische Semantik nennen würde).

Aufgaben
1. Kommentieren Sie Wittgensteins Diktum „Die Bedeutung eines Wortes ist sein Gebrauch in der Sprache." (PhU, § 43)
2. Rekapitulieren Sie die Grundannahmen der „Praktischen Semantik".
3. Erläutern Sie, weshalb der Begriff der „Regel" in einer pragmatischen Semantik so wichtig ist.
4. Erläutern Sie die „Stufen" von „Bedeutung" im intentionalistischen Modell der Semantik nach Grice.
5. Was versteht man unter „Präsuppositionen"? Geben Sie Beispiele.
6. Welche Typen von Präsuppositionen werden unterschieden?
7. Was versteht man unter „Deixis" bzw. „deiktischen Ausdrücken"?
8. Welche Typen von Deixis werden unterschieden? Nennen Sie Beispiele.
9. Was ist der wichtigste neue Gedanke im Modell der Implikatur nach Grice?

Fazit

Sprachhandlungstheoretische, gebrauchstheoretische, intentionalistische Ansätze haben wichtige neue Überlegungen in die Theorie der linguistischen Semantik eingebracht. Insbesondere die zentrale Rolle des Begriffs der Regel bzw. der Konvention, und die spezifische Art und Weise, wie diese definiert werden, bewirken einen völlig neuen Blick auf Sprache und semantische Phänomene, hinter den keine Semantik, die ernst genommen werden will, zurückgehen kann.

Die Trennung von Semantik und Pragmatik erscheint obsolet, da die sog. Pragmatik vor allem Phänomene der Bedeutung im Blick hat.

Zur praktischen Semantik: Heringer u.a. 1977; zu Grice: Rolf 1994, zu Deixis, Präsuppositionen, Implikaturen: Levinson 1990.

Vertiefung

# 4. Frame-Semantik

## 4.0 Ziele und Warm Up

Ziele  In diesem Kapitel werden wir:
- Den Begriff „verstehensrelevantes Wissen" einführen, der nach unserer Auffassung besser, als alle bisher in semantischen Theorien eingeführten Konzepte, deutlich macht, worum es in einer Semantik (und Bedeutungsbeschreibung) im Grunde genommen geht.
- Ein bedeutungstheoretisches Modell vorstellen, in dem der Bereich des verstehensrelevanten Wissens erstmals in der Linguistik in seiner ganzen Reichweite und Breite Berücksichtigung findet.
- Die Konsequenzen erörtern, die eine solche Konzeption für die gesamte Semantik und die Aufgabe der praktischen Bedeutungsbeschreibung hat.

Warm Up  Ordnen Sie die beiden folgenden Sätze jeweils einem Ihnen bekannten Wissensrahmen zu: *Er hatte zwei Stunden an Land verbracht.* – *Er hatte zwei Stunden am Boden verbracht.*

## 4.1 Grundzüge der semantischen Frame-Theorie

Während die meisten Neuentwicklungen in der Semantik-Theorie der letzten 100 Jahre von Wissenschaftlern außerhalb der Linguistik im engeren Sinne angestoßen wurden (so wurde die *Vorstellungstheorie* der Wortbedeutung im 19. Jahrhundert meist von Psychologen, wie z.B. W. Wundt, formuliert, die *Logische Semantik* wurde von Mathematikern und Philosophen wie Frege und Carnap vorangetrieben, die *Stereotypen-Semantik* von einem Philosophen, die *Prototypen-Semantik* von einer Psychologin begründet, die *praktische* und *intentionalistische Semantik* von Philosophen wie Wittgenstein, Austin, Searle und Grice inspiriert, die neueste *kognitive Semantik* wiederum von Psychologen und Kognitionswissenschaftlern propagiert) gibt es in einer neueren Spielart der Semantik das interessante Bemühen eines ausgewiesenen Linguisten, die linguistische Bedeutungstheorie auf eine völlig neue Basis zu stellen. Es handelt sich um die sogenannte „Frame-Semantik", hier in der Fassung des kalifornischen Linguisten Charles J. Fillmore.

Ch. J. Fillmore (*1929)  Fillmore versteht seine (immer strikt linguistisch begründete) Frame-Semantik als Teil einer „interpretativen" oder „Verstehens-Semantik". Zunächst ging er von syntaktischen Rahmen im Sinne der Valenz-Grammatik Tesnières aus. Das Verb bildet zusammen mit den notwendigen Ergänzungen (und eventuell anderen, nicht-notwendigen, aber möglichen Satzgliedern) einen Satzrahmen (bzw.

Prädikations- oder Aussagerahmen). Notwendige Ergänzungen sind typischerweise Objekte: *Hans liest ein Buch*, können aber auch Präpositionalgruppen sein: *Hans wohnt in Berlin*. Nicht-notwendige (weglassbare) Satzglieder sind häufig ebenfalls Präpositionalgruppen: *Hans liest auf der Parkbank ein Buch*. Die Abgrenzung der notwendigen von den nicht-notwendigen Satzgliedern ist oft schwierig, weil neben den meist adverbialen (und damit fakultativen) Präpositionalgruppen auch notwendige Satzglieder (z.B. Objekte) je nach Kontext weggelassen werden können: *Hans liest schon seit Stunden*. Frage: *Was?* Damit verlagert sich die Frage danach, was alles zu einem Satzrahmen gehört, eindeutig in den Bereich des verstehensnotwendigen Wissens und wird zu einer Frage der (kognitiven oder epistemischen) Semantik. Bei einem Satz wie: *Hans liest schon seit Stunden*. wissen alle Hörer, dass es für die Verbhandlung ein *Wo?* (einen Ort), und ein *Was?* (ein Objekt) geben muss.

*verstehensnotwendiges Wissen*

> Die Frame-Semantik existiert in unterschiedlichen Varianten. Der Begriff des „Frames" selbst hat verschiedene Wurzeln. Beim Linguisten Charles J. Fillmore sind es syntaxtheoretische Grundannahmen über „Satzrahmen", während der Kognitionswissenschaftler Marvin Minsky, der seine allgemeine kognitionswissenschaftliche Frame-Theorie parallel zur linguistischen Frame-Theorie von Fillmore entwickelt hat, Frames als allgemeine Strukturprinzipien der menschlichen Kognition begreift, die er unter anderem an Beispielen aus der visuellen Wahrnehmung demonstriert, aber durchaus auch selbst bereits für die Anwendung auf Sprache als geeignet ansieht. Parallel zu den Frame-Theorien von Fillmore und Minsky haben die Psychologen und Kognitionswissenschaftler Schank und Abelson ihre Theorie der „scripts" entwickelt, die mit den Frame-Theorien von Fillmore und Minsky vieles gemeinsam hat, sich aber stärker auf handlungs- und geschehensbezogene Wissensbestände bezieht und damit in ihrer semantischen Erklärungskraft begrenzter ist als die Ansätze von Fillmore und Minsky. Alle drei Konzeptionen sind in der Linguistik seit den 1970er Jahren rezipiert und teilweise auch umgesetzt worden (eher in der Textlinguistik als in der lexikalischen Semantik), obwohl man von einer etablierten Frame-Semantik als Sparte der Linguistik erst in allerjüngster Zeit in ersten zarten Ansätze sprechen kann. Heutige Linguisten berufen sich häufig auch auf das Frame-Modell des Kognitionswissenschaftlers Lawrence Barsalou (1993), da sich dieses leichter an die unter Linguisten immer noch sehr beliebten Modelle der formalen Logik anschließen lasse.

Der Semantiker Charles J. Fillmore hat dann (ab 1968) entdeckt, dass sich viele syntaktische und satzsemantische Probleme nur dann lösen lassen, wenn man zu den Satzrahmen nicht nur die syntaktisch zwingend erforderlichen Satzglieder (wie die Objekte des Verbs) rechnet, sondern sie um semantisch erforderliche Elemente, die möglicherweise nur (als für eine korrekte Interpretation des Satzes notwendig) vom Verstehenden hinzugedacht sind, erweitert. Einen Satzrahmen, der in dieser Weise um alle semantisch erforderlichen, für ein korrektes Verstehen notwendigen Elemente, erweitert worden ist, nannte Fillmore zunächst (1969) „Kasus-Rahmen", später (ab 1972) aber im erweiterten, allgemeineren Sinne nur noch *Rahmen* (*frame*). Zur besseren Abgrenzung dieses semantischen Typs von Frames von syntaktischen Rahmen verwendet Busse (1991) den Begriff „Wissensrahmen".

**Die Rolle von Verben in der Frame-Semantik:**
Verben bilden die syntaktischen und semantischen Kerne von Satz- oder Aussage-Rahmen. Die Analyse von semantischen Rahmen geht auf die Analyse von Prädikationen zurück. Die Analyse von Prädikationen und von semantischen Rahmen ist in der Linguistik entscheidend beeinflusst worden durch das Satzmodell der Valenzgrammatik, die von Lucien Tesnière in den 1950er Jahren das erste Mal ausformuliert wurde.

Nach dem Valenzmodell erscheint laut Tesnière beim Sprechen, Hören oder Lesen eines Verbs „eine ganze Szene" vor dem geistigen Auge, mit „Mitspielern" (*actants*, Aktanten) und bestimmten „Begleitumständen" (*circonstants*, Zirkumstanten).

Das Verb (Prädikat) bestimmt die Anzahl und die Art der vom Prädikat abhängigen Satzglieder. Entsprechend gibt es einwertige, zweiwertige usw. Verben bzw. Prädikate. Die Eigenschaft der Wertigkeit nannte Tesnière Valenz.

Die vom Verb dominierte Valenzstruktur bildet das, was Fillmore (1968) einen *Satzrahmen* nannte. Daraus entwickelte er über mehrere Stufen seine Idee der *semantischen Rahmen* (*Frames*). Heute sind für solche Rahmen in der Linguistik auch Begriffe wie „Argumentstruktur" oder „Theta-Raster" üblich. Präziser kann man auch von einem „Prädikations-" oder „Aussage-Rahmen" sprechen.

Das Verhältnis von syntaktischen und semantischen Rahmen ist eine der Hauptfragen einer spezifisch linguistischen Frame-Theorie, die Fillmore immer wieder beschäftigt hat. Ebenfalls hauptsächlich auf Verb-Frames zielt der große von Fillmore begründete internationale Forschungsverbund FRAMENET (mit Zentrum in Berkeley), wo konkrete computergestützte Analysemodelle und -methoden für die linguistische Frame-Forschung entwickelt wurden.

kognitive Frames

Bei der Begründung seines *linguistisch-semantischen* Rahmen-Konzepts weist Fillmore später (1972 und ff.) auf Parallelen zum Modell des Kognitionswissenschaftlers Marvin Minsky (1971) hin, der unabhängig von linguistischen Fragestellungen (aber solche berücksichtigend) ein *allgemeines kognitives Frame-Modell* (als Grundmodell zur Erklärung der Struktur des menschlichen Denkens und Erkennens) entwickelt hat. Minsky selbst verweist bei der Begründung seines Modells auf den *Schema*-Begriff, den der britische Gedächtnisforscher Frederic C. Bartlett bereits 1932 entwickelt hatte. Bartlett ging aufgrund zahlreicher Experimente u.a. davon aus, dass alle menschliche Wahrnehmung und Erinnerung (und damit auch das semantische Gedächtnis) in Form von sog. *Schemata* organisiert ist. Schemata haben bereits in der Konzeption von Bartlett einen eindeutig prototypischen Charakter. Damit wird der Prototypen-Gedanke zu einem Kernelement der Frame-Theorie (Wissensrahmen-Semantik), und zwar ausdrücklich bei Fillmore, implizit aber auch bei Minsky. Kurz nach der Einführung des Frame-Modells bei Fillmore und Minsky sind andere, z.T. speziellere Aspekte ansprechende Konzepte der Schematisierung des Wissens entwickelt worden. Für die Linguistik ist davon v.a. das Skript/ Pläne/ Ziele-Modell von Schank/ Abelson einflussreich gewesen (dieses v.a. in der Analyse mündlicher Kommunikation). *Skripts* sind spezialisierte Wissensrahmen, die sich auf erwartbare Handlungen, Handlungsabläufe, Handlungsbeteiligte usw. beziehen. Sie setzen nach Schank/ Abelson andere Typen spezialisierter Wissensrahmen voraus, z.B. Pläne-Rahmen und Ziele-

Rahmen (als Beispiele untersucht wurden z.B. das *Restaurant-Skript, Kindergeburtstagsfeier-Skript u.a.*).

Die heute für Wissensrahmen in der Forschung verwendeten Begriffe: *Schema* (Plural: *Schemata*), *Rahmen* (*Frames*), *Szenen, Skripts, Pläne*, betreffen unterschiedliche Typen von Wissensrahmen, beruhen aber auf derselben Grundidee (einem allgemeinen Schema-Konzept). Diese Grundidee wird bei Fillmore folgendermaßen erläutert:

> **Definition der Frame-Semantik bei Fillmore (1985, 111):**
> „Frame-Semantik offeriert eine bestimmte Art, [1] Wortbedeutungen zu betrachten, wie auch eine Art, Prinzipien für das [2] Hervorbringen neuer Wörter und Phrasen, für das [3] Hinzufügen neuer Bedeutung zu Wörtern, und für die [4] Zusammenfügung der Bedeutung von Elementen [...] in die Bedeutung des ganzen Textes zu charakterisieren.
> Bei dem Begriff ‚Rahmen‘ denke ich an jedes System von Konzepten, die miteinander in der Weise verbunden sind, dass man für das Verstehen irgendeines dieser Konzepte die ganze Struktur verstehen muss, in die sie eingefügt sind; wenn eines der Elemente in einer solchen Struktur in einen Text eingefügt wird (oder in ein Gespräch), sind alle anderen automatisch verfügbar gemacht.“

Schon früh weitet Fillmore (1968c, 120) die semantische Analyse über den Bereich der traditionellen Wortsemantik hinaus aus auf die Analyse sämtlicher inhaltsrelevanter „Bedingungen des Verstehens“:

> „Was ein Sprecher über die einzelnen ‚Wörter‘ einer Sprache und die Bedingungen weiß, die ihren angemessenen Gebrauch bestimmen, ist [...] extrem subtil und extrem komplex. [...] Man kann leicht zeigen, dass es wichtige Tatsachen mit Bezug auf Wörter gibt, die uns die Wörterbuchmacher gewöhnlich gar nicht mitteilen.“

Fillmore entwickelt sich zu einem scharfen Kritiker der üblichen Merkmalsemantik, die er als „Checklisten-Konzept“ karikiert. An zahllosen Beispielen macht er immer wieder deutlich, dass das verstehensrelevante Wissen weit über das hinausgeht, was traditionellerweise noch als zur Wortbedeutung (oder Satzbedeutung) gehörig gerechnet wird: Z.B. bei syntaktisch doppeldeutigen Sätzen wie *Peter stellte den Wein drei Stunden lang in den Kühlschrank* oder *Hanna erinnerte Fred an Charlotte.*

*Kritik an der Merkmalsemantik*

> Fillmore (1971 d) fordert eine radikal geänderte Fragestellung für die linguistisch-semantische Forschung. Statt die nach seiner Meinung falsche Frage zu stellen: „Was ist die Bedeutung eines Wortes?“ sollte man fragen: „Was muss ich wissen, um eine sprachliche Form angemessen verwenden zu können und andere Leute zu verstehen, wenn sie sie so verwenden?“

Der Frame-Semantik liegt folgendes Kommunikationsmodell zugrunde: Sprachliche Zeichen setzen in Kommunikationszusammenhängen Anhalts- und Markierungspunkte, die es ermöglichen, den Bedeutungsgehalt inferentiell (schlussfolgernd), d.h. im impliziten Rückgriff auf Weltwissen, zu konstruieren. Sprachliche Kommunikation ist also im Kern „elliptisch“: durch explizite sprachliche Zeichen artikuliert

*Wörter evozieren Frames*

wird immer nur so viel, wie in der Situation notwendig ist. Sprachliche Ausdrücke fungieren so gesehen eher als Anspielungen auf vorausgesetztes Wissen als als Transportbehälter für Wissen. Fillmore fasst dies in den prägnanten Leitspruch: „Wörter evozieren Frames".

Eine der Ausgangsfragen der Frame-Semantik ist: Wie ist dieses im Verstehensprozess aktualisierte Hintergrundwissen strukturiert, um verstehensrelevant werden zu können? Bei der Beantwortung dieser Frage wird von folgender Ausgangshypothese ausgegangen: Wissenselemente sprachlicher Äußerungen sind epistemisch überformt und in Wissensrahmen (frames, scripts, scenes, plans, Schemata, Schlussmustern) organisiert. Sie sind also in größere inhaltliche (Kontextualisierungs-) Zusammenhänge eingebunden, d.h. assoziiert mit nicht-textualisierten verstehensrelevanten Wissenselementen, die als gegeben und als selbstverständlich unterstellt werden und in der Ausdruckskette nicht explizit gemacht sind.

*slots/ fillers*    Nach gängiger Auffassung der Frame-Theorie sind Wissensrahmen Strukturen des verstehensrelevanten Wissens, die einige zentrale Elemente enthalten, die aber offen sein können für unterschiedliche Ausfüllungen bestimmter anderer, typischerweise zum Rahmen gehöriger Elemente. Man spricht diesbezüglich von *Leerstellen* (*slots*), die mit unterschiedlichen *Füllungen* (*fillers*) ausgefüllt werden können (z.B. Fillmore 1977b). Die Füllungen von Leerstellen sind typischerweise selbst wieder (andere) Wissensrahmen. Letztlich ist jeder Begriff (jedes Konzept), der (das) als Füllung die Positionen eines allgemeinen Wissensrahmens besetzt (die Leerstellen füllt), selbst wieder ein Rahmen. Sprachverstehen heißt daher: *Rahmen mit (anderen) Rahmen vernetzen*. Rahmen sind Systeme von Konzepten, damit aber (s.o.) letztlich auch Systeme von (Unter-)Rahmen.

Beispiel für Leerstellen: *Hans liest seit Stunden.*
Im Satz ausgedrückte Stellen des Rahmens:    Ausführender, Zeitdauer
Nicht ausgedrückte Stellen des Rahmens (z.B.):    Objekt, Ort, Beginn.

*Sprachwissen und*    Das verstehensrelevante Wissen kann z.T. sehr komplex und voraus-
*Weltwissen*    setzungsvoll sein. Beispiele von Fillmore sind etwa: Kann man eine Frau *Witwe* nennen, die ihren Mann ermordet hat? Kann man einen dreißigjährigen Mann *Waise* nennen? Nach Fillmore sind Wissensrahmen teilweise natürlich, teilweise konventionell, und teilweise subjektiv. Die bei vielen Linguisten übliche Trennung von „Sprachwissen" und „Weltwissen" („Semantik" und „Konzeptebene") hält Fillmore (wie andere Frame-Theoretiker) für grundsätzlich falsch:

„Es fällt mir schwer, Sinn in der Forderung zu finden, dass der eine Teil [das verstehensrelevante Wissen] etwas mit den Bedeutungen von Wörtern und der Rest mit etwas rein Kognitivem zu tun hat. [...] Ich befasse mich nicht mit der Frage, wie eine Grenze zwischen dem, was rein semantisch, und dem, was rein kognitiv ist, gezogen werden kann. [...] Semantik erforscht, wie die Leute Schemata gebrauchen, wenn sie ihr Verstehen von Sätzen konstruieren." (1977d, 99)

Jedes Sprachverstehen kann als eine Form von „Kontextualisie-    Kontextualisierung
rung" aufgefasst werden: Menschen *konstruieren* im Verstehen eine
Interpretation, indem sie die von den Wörtern evozierten Wissensrahmen aktivieren und miteinander entsprechend der Satzstruktur und
anderen Anhaltspunkten vernetzen. Dazu Fillmore (1982, 130); „Ein
allgemeines Konzept von Rahmen schließt das Kontextualisieren und
Situieren von Ereignissen im weitesten möglichen Sinne ein."
    Hier eine Arbeitsdefinition für den Begriff des semantischen Frames:

---

**Wissensrahmen: Eine Arbeits- Definition**
Ein Wissensrahmen ist eine abstrakte, komplexe Struktur aus Wissenselementen, die durch
sprachliche Ausdrücke und/oder Ausdrucks-Ketten aktiviert wird. Sprachliche Bedeutungen sind
das Ergebnis dieses Aktualisierungsprozesses. Bedeutungen haben demnach keinen atomaren
Charakter; sie bestehen auch nicht aus der Summe atomarer Einheiten, sondern aus einem Geflecht
von Wissenselementen, das im Sprachverstehensprozess im Rückgriff auf Hintergrundwissen erschlossen („inferiert") wird.

---

Einzelne Wörter in einer Sprache haben nun nach Fillmore nicht nur
die Funktion, einen bestimmten Frame zu evozieren, sondern sie
können auch eine bestimmte Perspektive auf den Gesamt-Frame
andeuten. Sein Standard-Beispiel ist dabei das sog. *commercial event*.
Dabei gilt: Die durch die Perspektive gewählten Elemente werden
typischerweise in den Funktionen des Subjekts bzw. des direkten
Objekts syntaktisch realisiert. Informationen über die anderen Elemente können auch in den Satz einbezogen werden, aber sie werden
in nicht-zentralen Funktionen realisiert, üblicherweise werden sie
mit Präpositionen eingeführt (vgl. Fillmore 1977a, 77). Fillmore
nimmt zuerst vorwiegend Verben in Betracht, verweist aber später
auch auf die prädikative Natur der Substantive, Adjektive, der meisten
Adverbien und vieler Konjunktionen (vgl. Fillmore 1971, 47).

---

**Beispiel: das Kaufhandlungsereignis**
Eine umfassende Beschreibung dieses Ereignisses umfasst den Verkäufer, den Käufer, die Waren und
das Geld. (1) Will man die Perspektive des Verkäufers und der Waren einnehmen, wählt man das
Verb *verkaufen* aus. (2) Die Perspektive des Käufers und des Gelds wird durch das Verb *ausgeben*
ausgedrückt, (3) die der Waren und des Gelds durch das Verb *kosten*. (4) *Bezahlen* gibt die Perspektive
entweder des Käufers und des Gelds oder (5) des Käufers und des Verkäufers wieder, usw.

---

Das erste Modell der Frames bei Fillmore (die sog. „Kasus-Rahmen")    Frames und Szenen
ist noch stark an syntaktischen Überlegungen orientiert. Durch die
Analyse zahlreicher Beispiele sah sich Fillmore jedoch zunehmend
gezwungen, sein Modell von eng syntaktischen Überlegungen zu lösen und zu einem rein semantischen Konzept weiterzuentwickeln.
Fillmore unterschied dann (in der zweiten Phase seines Werks) zwischen „linguistischen" (syntaktischen) Rahmen und „kognitiven" Szenen. Den Begriff der *Szene* definierte er in möglichst weitem Sinne.
Er rechnete dazu nicht nur visuelle Szenen, sondern auch typische

zwischenmenschliche Situationen und Erfahrungen, Standardszenarien, u.a.; kurz: „any kind of coherent segment, large or small, of human beliefs, actions, experiences, or imaginings" (Fillmore 1977b, 82). Später definiert Fillmore das Frame-Modell noch einmal neu, diesmal als ein System von Konzepten, die so mit einander verbunden sind, dass das Verstehen von dem einen das Verstehen der ganzen Struktur, in der es vorkommt, fordert (so Fillmore 1982, 111).

Das frame-basierte Verfahren der semantischen Analyse bietet laut Fillmore neue Wege zur Erklärung und Beschreibung einer Reihe unterschiedlicher semantischer Phänomene in einer Sprache, wie Mehrdeutigkeit, Bedeutungswandel, Prägung von Wortbedeutung, Bedeutung von Bewertungswörtern (z.B. abstrakten Adjektiven wie *gut* und *schlecht*) u.a. – Viele Fälle von Mehrdeutigkeit beschreibt Fillmore als resultierend aus der Tatsache, dass ein und dieselbe lexikalische Einheit zu zwei verschiedenen kognitiven Rahmen gehört. – Ein anderer Fall ergibt sich bei jeweils verschiedenen Rahmen, die eine wechselnde Perspektive auf ein und denselben Sachverhalt bieten. Fillmore illustriert das am Beispiel der Kontrastpaare *stingy : generous* (*geizig : großzügig*) und *thrifty : wasteful* (*sparsam : verschwenderisch*), die zwei verschiedene Perspektiven auf jemanden geben, der unwillig ist, in einer bestimmten Situation sein Geld auszugeben (vgl. Fillmore 1982, 125). – Bedeutungswandel kann auch in vielen Fällen als Rahmenwandel, d.h. als Veränderung des Kontexts der Wortverwendung beschrieben werden (vgl. Fillmore 1982, 126-127). – Die Bedeutung einer Reihe Bewertungswörter ergibt sich nur durch den Kontext, d.h. den Rahmen, in dem sie benutzt sind (vgl. 129).

interpretative Semantik

In der späteren Phase seines Werks spricht Fillmore meist von einer „interpretive semantics" oder einer „understanding semantics". Man könnte auch sagen: „interpretative Semantik" oder „verstehenstheoretisch ausgerichtete Semantik". Dahinter steht letztlich eine radikale Neubestimmung der Zielrichtung und Aufgabestellung einer linguistischen Semantik. Die traditionelle linguistische Semantik (z.B. die Merkmal-/ Komponentensemantik) tituliert Fillmore recht sarkastisch als „checklist-theory of meaning". Sie ist seiner Meinung nach völlig unzureichend für die vollständige Erfassung des für das Verstehen von Wörtern/ Sätzen notwendigen Wissens. Nur dieses Wissen insgesamt schöpft die „Semantik" eines Wortes/ Satzes aus. In Bezug auf Texte lassen sich die Frames Fillmore zufolge auffassen als eine abstrakte Struktur von Erwartungen, die man an die Rollen, Zwecke und die Art der Sequenzierung eines im Text beschriebenen Ereignisses oder Sachverhalts hat (vgl. Fillmore 1982, 117)

Die Grundzüge eines semantischen Frame-Modells können folgendermaßen zusammengefasst werden:

**Zusammenfassung:**

1. Frames (Wissensrahmen) werden ganzheitlich aktiviert. Sie integrieren Wissensaspekte, die von traditionellen Bedeutungstheorien häufig ignoriert werden

2. Frames modellieren Wissen als zusammenhängende epistemische Strukturgefüge. Wissenselemente werden nicht als amorphe Menge, sondern in Gestalt von Wissens-Mustern verstehensrelevant.
3. Frames ergeben sich induktiv aus der Schnittmenge ähnlicher Einzelerfahrungen. Sie sind typisierte und strukturierte Segmente kollektiven Wissens und deshalb zugleich dynamische und kulturspezifische Entitäten.
4. Frames konstituieren sich inhaltsspezifisch. Ihre Strukturen sind keine abstrakten Entitäten, sondern stets inhaltlich gebunden.
5. Ein aktivierter Frames erzeugt Erwartungen bezüglich der zu ihm passenden Informationen, d.h. bezüglich potentieller Fillers (Füllungen) der aufgerufenen Slots (Leerstellen). Solche Erwartungen wirken sprach- und handlungsregulierend.
6. Wissensrahmen „repräsentieren Wissen auf allen Ebenen der Abstraktion" (Rumelhart 1980, 40); sie sind rekursiv und damit Ebenen-unabhängig.
7. Frames liefern ein Modell, das wort-, satz-, text- und kontextsemantische Aspekte integrativ, d.h. mit einem einheitlichen Modell darstellen und erklären kann.

## 4.2 Frames und (lexikalische) Semantik

Frame-Semantik ist für Fillmore nicht einfach nur eine neue semantische Perspektive und/ oder Methode unter vielen. Vielmehr verbindet er damit sehr weitreichende bedeutungstheoretische Zielsetzungen. Es gibt daher in seinem umfangreichen frame-semantischen Werk immer wieder Texte, in denen die semantische Theorie als solche, insbesondere eine Neubegründung dessen, was üblicherweise „lexikalische Semantik" genannt wird, im Vordergrund steht. Das Kennzeichen für Fillmores Position in diesem Zusammenhang ist, dass für ihn die gesamte Semantik, und damit auch und gerade die lexikalische Semantik, eine Berücksichtigung des verstehensrelevanten Wissens in seiner ganzen Breite erfordert. An erster Stelle jeder semantischen Analyse stehen für ihn die Bedingungen des Verstehens von Sätzen, aus denen dasjenige, was man die „Wortbedeutung" oder „lexikalische Bedeutung" nennt, quasi rückgeschlossen wird. Daher ist für ihn die „Frame"-Semantik das einzige Modell, das den an eine semantische Theorie zu stellenden Ansprüchen gerecht wird. Sie bildet das Fundament nicht nur der lexikalischen Semantik, sondern der gesamten linguistischen Semantik generell. Wie anspruchsvoll sein Programm ist, zeigt folgende Aussage: „Eines der Ziele für die Art von Frame-Semantik, für die ich eintrete, ist das Ziel einer einheitlichen Repräsentation für Wort-Bedeutungen, Satz-Bedeutungen, Text-Interpretationen und Welt-Modelle."(Fillmore 1976a, 28.) Mit dieser Aussage steckt Fillmore Ziele wie Gegenstandsbereich der Semantik denkbar weit ab und erfasst Elemente des Wissens, die weit außerhalb des „Radars" der linguistischen Semantiker lagen.

Einheitliche Theorie für Bedeutung

Diese Erweiterung der für eine semantische Analyse relevanten Wissenselemente sei an einem seiner Beispiele demonstriert, dem Wort *Alimente*. Dieses Wort verknüpft in sehr spezifischer (und epistemisch voraussetzungsvoller) Weise zwei Frames (oder besser:

Frame-Komplexe) aus unterschiedlichen Lebensbereichen. Nämlich einen „GELDÜBERGABE"-Frame mit „einem Frame, der ein Vorkommnis in den Lebensgeschichten von zwei Menschen auf eine sehr spezifische Weise identifiziert" (Fillmore 1976a, 28). Dieser zweite Frame ist aber sehr komplex, eigentlich eher – wie Fillmore sagt – ein „Szenario". Dieses „Szenario" ist nicht statisch, sondern fügt zahlreiche verstehensnotwendige Aspekte zusammen zu so etwas wie einer (typischen, in unserer Lebensform häufiger vorkommenden Form von) „Geschichte", die man kennen muss, um zu wissen, welche Wissenselemente (welche „Interpretationen") durch die Verwendung des Wortes *Alimente* bei einem Verstehenden wachgerufen werden.

Aus allen Überlegungen folgt für Fillmore eindeutig die zentrale Rolle der Frames bei der Bestimmung (und Erklärung) der Wortbedeutungen (bzw. dessen, was „Wortbedeutung" als sprachtheoretisches Phänomen darstellt): „Die nützlichste Information über ein Lexem ist der Set von Rahmen, in denen es eine Rolle spielt, und die Position, die es in jedem dieser Rahmen einnimmt." (1977c, 132) Wörter aktivieren demnach Frames und sie können Frames verschiedener Sorten miteinander verknüpfen. Auch wenn dabei verschiedene Sorten von Wissen eine Rolle spielen (auch solche, die in der linguistischen Semantik bislang kaum Berücksichtigung fanden), „sollte man nicht den einen Teil als Semantik, den anderen Teil als Nicht-Semantik separieren", so Fillmores klare Ansage (Fillmore 1977d, 102).

Lexikalisierung     Die Frage nach den „lexikalischen Bedeutungen" von Wörtern (oder anderen Lexikoneinheiten, wie etwa idiomatischen Wendungen) zu stellen, heißt für ihn zugleich, die Frage danach zu stellen, welche Funktion diese Wörter im System des Wissens einer Sprachgemeinschaft erfüllen. Insofern hängt die Frage danach, was „Lexikalisierung" ist (und heißt) eng mit Fragen des ‚Klassifizierungssystems der Wirklichkeit', das sich nach Fillmore in Sprache ausdrückt, zusammen (Fillmore 1977d, 104). Wortbedeutungen (lexikalische Bedeutungen) hängen nach Fillmore (1978, 165) daher engstens mit dem „konzeptuellen System" einer Gesellschaft zusammen. Und dieses System wird in „Frames" strukturiert. Damit werden Frames zu einem „lexikalischen Set", d.h. einer Kombination von mehreren lexikalischen Einheiten, die einzelne jeweils verschiedene Aspekte/ Teile des Frames akzentuieren, aktivieren oder „anzeigen". Nur in solchen „Sets von lexikalischen Einheiten" (Frames) bekommen die einzelnen Einheiten ihre Funktion und „Bedeutung".

Aus seiner frame-theoretischen Begründung dessen, was „Wortbedeutung" sein (oder leisten) kann, leitet Fillmore eine bestimmte Auffassung dessen ab, was „lexikalische Information" sein kann. Diese integriert „Szenen"-bezogenes Wissen mit eher „grammatischen" Informationen (Fillmore 1977c, 92). Für falsch hält er jedoch eindeutig die „klassische" Maxime der Beschreibung lexikalischer Bedeutungen in der Merkmal- und Komponenten-Semantik, wonach es die Aufgabe der Lexikographie sei, eine möglichst umfassende (und daher notwendigerweise abstrakte) Bedeutungsbeschreibung zu liefern, die alle (oder zumindest möglichst viele) Verwendungsfälle eines Wortes abzudecken geeignet ist. Die dadurch erzeugte Beschreibung sei nicht mehr in der Lage, die wichtigen frame-bezogenen Details zu erfassen, auf die es beim adäquaten Verstehen eines Wortes letztendlich entscheidend ankommt (Fillmore 1977d, 102).

Die Aufgaben einer spezifisch linguistisch reflektierten semantischen Theorie werden bei Fillmore zusammenfassend so formuliert:

> „Ich möchte das Wort ‚Semantik' benutzen um ebendiese Konfrontation von bedeutungtragenden Elementen eines Satzes mit Auffassungen und Erfahrungen von Interpreten zu beschreiben. Das heißt nicht, dass eine Semantik-Theorie jede denkbare Information über die Welt und die Auffassungen und Erfahrungen der Menschen enthalten muss. Eine Semantik-Theorie soll aber erklären können, wie wir Bedeutungen von Lexemen und grammatischen Strukturen erlernen und feststellen können.
> Wie wir es beim Produzieren und Verstehen von Sätzen leisten, dieses Wissen zu integrieren mit den kognitiven Prototypen, mit denen wir unsere Erfahrung schematisieren, und mit den Auffassungen darüber, wie die Welt gestaltet ist. Ich fasse Semantik als eine Art von Prozess auf. Sprecher verfügen über bestimmte Schemata, die mit den Wörtern assoziiert sind, die sie kennen; Semantik erforscht, wie die Leute diese Schemata gebrauchen, wenn sie ihr Verstehen von Sätzen konstruieren." (Fillmore 1977d, 101)

Ein sehr stark konzept-orientiertes Frame-Modell ist das später entstandene Frame-Modell des amerikanischen Kognitionswissenschaftlers Lawrence Barsalou (1992) das in jüngster Zeit vor allem auch wegen seines systematisierenden Charakters und seines formalen Potentials in der Linguistik stärker rezipiert worden ist. Auch Barsalou kritisiert (wie schon Fillmore) die Merkmal-Semantik scharf. Er geht (1992, 21) von folgenden zentralen Frame-Elementen aus: *Attribute* (bisher: Slots/ Leerstellen); *Werte* (bisher: fillers/ Füllungen der Leerstellen); *strukturelle Invarianten*; *Beschränkungen/ Restriktionen* (constraints). Dazu stellt er fest (Barsalou 1992, 21; Übers. D.B.):

*Frames nach Barsalou 1992*

> „Weil Rahmen die Attribute, Werte, strukturellen Invarianten und Restriktionen ebenfalls in Rahmen repräsentieren, bilden die Mechanismen, die Rahmen konstruieren, diese rekursiv auf."

Hierin folgt er letztlich Minsky, der das Rekursivitäts-Prinzip für Frames als erster ausdrücklich benannt hatte. Für ihn ist v.a. wichtig, dass Frames *dynamische relationale Strukturen* sind, deren Form flexibel und kontextabhängig ist. Gegen die Annahme der linguistischen Merkmal-Semantik, wonach Wortbedeutungen wohlbestimmt und definit (und die semantischen Merkmale selbst möglicherweise auch universell) seien, setzt Barsalou seine Kern-These:

> „Für jede repräsentationale Komponente, sei es ein Attribut, strukturelle Invariante, Constraint oder was auch immer, kann man immer eine neue Quelle von Variabilität über die Anwendungsfälle hinweg feststellen und weitere Frame-Struktur hinzufügen, um sie zu erfassen. Durch den kontinuierlichen Prozess der Analyse und Ausdifferenzierung transformieren die Menschen das, was einmal holisti-

sche, unanalysierte Primitive waren, in komplexe Frames. Als Ergebnis davon existieren Primitiva, die als einfache, elementare Bausteine dienen, nicht länger." (Barsalou 1992, 42; Übers. D.B.)

Die Erzeugung von Frames ist prinzipiell unabschließbar; sie findet ihre Grenze nur in den menschlichen Interessen und ihrer faktischen Frame-Erzeugung. Damit werden Frames aber prinzipell zu einer Sache der Perspektive, sind kognitive Konstruktionen der Menschen, keine objektiven Gegebenheiten. Diese Unabschließbarkeit der semantischen Frames und Frame-Strukturen ist ein Reflex der Unbegrenzbarkeit der menschlichen Fähigkeit, sich Begriffe (über die Dinge der Welt) immer wieder neu und in anderen Nuancierungen und Konstellationen zu bilden. Im Gedächtnis einer Person bereits vorhandene Frames werden daher nachgerade zu so etwas wie „Erzeugungsmechanismen" für immer neue Frames:

„Aus der expliziten Repräsentation einer kleinen Zahl von Rahmen-Komponenten im Gedächtnis entwickelt eine Person die Fähigkeit, eine unbegrenzt große Anzahl von Konzepten im Feld des Frames zu repräsentieren." (Barsalou 1992, 63; Übers. D.B.)

Wie Fillmore geht auch Barsalou also davon aus, dass jeweils immer nur einige Aspekte unserer Frames lexikalisch realisiert werden, während andere unexpliziert und daher der inferentiellen (schlussfolgernden) Interpretation anheimgestellt werden. Möglich ist die Zuverlässigkeit solcher Inferenzen (die Tatsache, dass Sprecher sich bei ihren Rezipienten darauf verlassen können) eben aufgrund des sozialen Charakters der in einer Gesellschaft verfügbaren Frames. Semantisches Wissen und gesellschaftliches Wissens sind auch für ihn untrennbar miteinander verflochten.

Aufgaben
1. Stellen Sie die Grundannahmen der Frame-Semantik dar.
2. Erläutern Sie, warum Verben in der Frame-Semantik nach Fillmore eine solch zentrale Rolle spielen.
3. Definieren Sie den Begriff „Wissensrahmen".
4. Beschreiben Sie am Beispiel der Verben *kaufen, verkaufen, bezahlen* die wichtigsten Elemente des zugehörigen „Kaufereignis"-Frames.
5. Erläutern und diskutieren Sie die Parole ‚Wörter evozieren Frames'.
6. Was versteht man im Rahmen der Frame-Theorie unter „slots/ Leerstellen" und „fillers/ Ausfüllungen"? Geben Sie Beispiele.

Fazit
Die Frame-Semantik ist eine wichtige Korrektur von Irrtümern der klassischen linguistischen und logischen Merkmal-Semantik. Indem sie das verstehensrelevante Wissen erstmals in der Geschichte der Semantiktheorien wirklich in seiner ganzen Breite und Tiefe ernst nimmt, hat sie als erste Theorie überhaupt das Potential, die Basis nicht nur für die Wortsemantik, sondern für ein integratives Modell der Semantik aller sprachlichen Ebenen (Wort, Satz, Text) zu sein.

Vertiefung
Einen guten und aktuellen Überblick gibt Ziem 2008.

# Teil II:
## Gegenstände und Forschungsrichtungen der Linguistischen Semantik

# 5. Lexikalische Semantik

Einer der wichtigsten Gegenstände der linguistischen Semantik (und lange Zeit das einzige konkrete Forschungsobjekt) war und ist die sogenannte „Lexikalische Bedeutung" (oder „Wortbedeutung"). Diese zu beschreiben ist das Ziel der Wörterbücher bzw. ihrer Macher im Rahmen der „Lexikographie". Andere Bereiche semantischer Forschung, wie etwa die Untersuchung der sog. „semantischen Relationen" zwischen Wörtern oder Wortschatzbereichen, die Satzsemantik, Textsemantik oder die neueren Ansätze einer kulturwissenschaftlich orientierten Semantik treten gegenüber diesem Gegenstandsbereich stark zurück; so stark, dass sie in vielen, wenn nicht den meisten „Einführungen in die Semantik" nur am Rande oder überhaupt nicht beachtet werden. Was eine „Wortbedeutung" ist, scheint mit vorwissenschaftlicher Betrachtung von vornherein klar zu sein. Diese scheinbare Gewissheit verliert aber bei genauerem Hinschauen viel von ihrer Berechtigung, weshalb zunächst ein näherer Blick auf das wissenschaftliche Konstrukt „Lexikalische Bedeutung" notwendig ist.

## 5.0 Ziele und Warm Up

In diesem Kapitel werden wir:                                            Ziele
- Den Begriff „lexikalische Bedeutung" diskutieren und hinterfragen.
- Verschiedene Typen von „Bedeutung" differenzieren.
- Über das Problem der sog. „wörtlichen Bedeutung" reflektieren.

Ist das Wort *Maus* in dem Satz *Die Maus ist kaputt* in seiner „wört-   Warm Up
lichen Bedeutung" verwendet oder metaphorisch?

## 5.1 Das Konstrukt „Lexikalische Bedeutung"

Traditionelle linguistische Bedeutungstheorien unterstellen, wie wir gesehen haben, die Existenz eines identifizierbaren Gegenstandes „Bedeutung" ebenso wie die Homogenität alles dessen, was wir „Bedeutung" nennen. Die Existenzprämisse wird meistens auf die Wortebene, also auf Wortbedeutungen bezogen, die als in einer Sprachgemeinschaft existierende Entitäten begriffen werden. Nur wenige Linguisten machen sich, wie es eigentlich notwendig wäre, bei ihrem theoretischen und deskriptiven Geschäft fortlaufend klar, dass es sich bei ihrem Gegenstand um ein wissenschaftliches *Konstrukt*, also ein nur auf Definitionen und theoretischen Eingrenzungen beruhendes, durch wissenschaftliche Tätigkeit quasi „erzeugtes" Phänomen handelt. Insbesondere beim Gegenstand „lexikalische Bedeutung" wird der Konstruktcharakter der damit bezeichneten Entität deutlich. „Lexikalische Bedeutungen", also die sog. Wortbedeutungen, wie sie in Wörterbüchern beschrieben werden, sind daher konstruierte Entitäten, deren realer ontologischer Status fraglich ist. Dies zeigt bereits ein Blick auf die unterschiedlichen Gegebenheiten, in Bezug auf die ein Begriff wie „Wortbedeutung" normalerweise verwendet wird.

---

**Ebenen von „Wortbedeutung":**

(1) Lexikalische Bedeutung:
    (a) usuell (sozial/ überindividuell)

    (b) individuell

(2) Textbezogene/ situative Bedeutung:
    (a) okkasionell (sozial/überindividuell)
       (disambiguierte Bedeutung)
    (b) individuell

---

So macht es z.B. einen erheblichen Unterschied aus, ob mit dem Begriff „Wortbedeutung" die konkrete Bedeutung eines Wortes im syntagmatischen und textuellen Zusammenhang eines konkreten Satzes oder Textes gemeint ist oder eine abstrakte Größe wie etwa „die Bedeutung des Wortes *Schule* im Deutschen". Und auch innerhalb dieser beiden Ebenen oder Spielarten von „Wortbedeutung" macht es einen erheblichen Unterschied, ob man an die individuellen Kenntnisse einer einzelnen Person (z.B. das, was sich ein bestimmter Textverfasser oder Leser beim schreiben/ lesen eines bestimmten Wortes vorstellt) denkt, oder jeweils an eine überindividuelle (und damit soziale) Größe, also etwas Abstraktes. Betrachtet man genauer, welche Merkmale das, was in üblichen Theorien als „Wortbedeutung" bezeichnet wird, aufweist, kommt man in etwa zu folgender Liste, die verdeutlicht, warum man die Einheit „Wortbedeutung" bzw. „lexikalische Bedeutung" als wissenschaftliches Konstrukt bezeichnen muss:

---

**Merkmale der „Lexikalischen Bedeutung" als linguistischem Konstrukt:**
- konstruierte (= durch den wissenschaftlichen/ linguistischen Beschreibungs- und Definitionsprozess konstituierte) Einheit
- Konzentration auf denotative Bedeutungsmerkmale
- (weitgehender) Ausschluss konnotativer Bedeutungsmerkmale
- (weitgehender) Ausschluss sozialer/ stilistischer Merkmale (Signalwerte)
- Ausschluss rein situations-/ kontextbedingter Bedeutungsmerkmale
- (weitgehender) Ausschluss semantischer Relationen
- (häufig:) Ausschluss satzsemantischer Merkmale/ Verwendungsbedingungen
- Ausschluss der „grammatischen Bedeutung" (durch Flexionsmerkmale) („Lexem" vs. „grammatisches Wort/ Textwort").

---

Denotation
Konnotation

Neben der Tatsache, dass „Wortbedeutungen" so, wie sie etwa in einem Wörterbuch beschrieben werden, immer nur schwerpunktmäßig ausgewählte Aspekte erfassen können, niemals aber die Gesamtheit der Fülle an Bedeutungsnuancen aller Verwendungsmöglichkeiten einer Wortform wiedergeben können, „lexikalische Bedeutungen" also allein schon vom Umfang der beschriebenen Aspekte hier eine Reduktionsform gegenüber der „wahren" Bedeutung eines Wortes darstellen, beschränken sich traditionelle Wortsemantiktheorien ja wie gesehen meist auf die sogenannte „denotative" Bedeutung, klammern also etwa Bewertungsbestandteile, emotionale Bedeutungen, sog. „Nebenbedeutungen" (oder „Konnotationen") aller Art aus ihrem Beschreibungsbereich aus, sind also auch in dieser Hinsicht verkürzend. Dasselbe gilt für alle Arten von situativen, stilistischen, varietätenbezogenen Leistungen von Wortzeichen. Auch semantische Relationen, satzsemantisch relevante Bedeutungsaspekte (wie z.B. Valenzinformationen) sowie alle „grammatischen" Bedeutungsbestandteile werden nach üblichem Verständnis nicht zur „lexikalischen Bedeutung" gerechnet.

Geht man davon aus, dass „lexikalische Bedeutungen" also immer (mehr oder weniger künstliche) Abstraktionen darstellen, die etwas repräsentieren, das kein einziger Sprecher einer Sprache so (in genau dieser Zusammenstellung) tatsächlich als sprachliches Wissen gespeichert hat, dann kann man sich die verschiedenen Ebenen des Phänomens „lexikalische Bedeutung etwa wie folgt vorstellen (siehe Abb. 13).

Nehmen wir ein Wort wie *Schule*, dann kann man feststellen, dass die lexikalische Bedeutung verschiedene Teilbedeutungen (hier: TB 1 – 3) zusammenfasst, da dieses Wort mehrdeutig (polysem) ist. So kann das Wort *Schule* etwa eine abstrakte

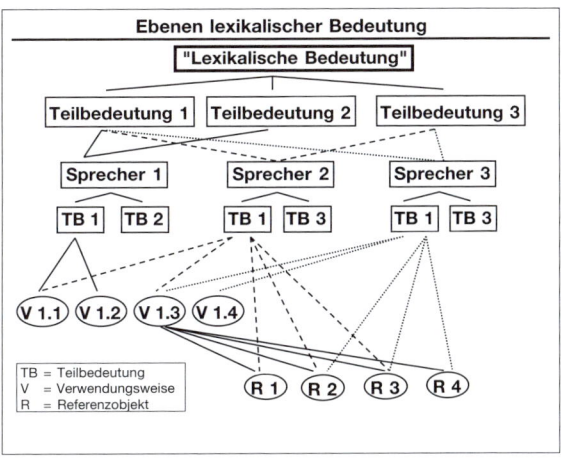

**Abb. 13:** Ebenen lexikalischer Bedeutung

gesellschaftliche Institution meinen (*Ich hasse Schule*), oder eine konkrete einzelne Schule, gemeint als Institution (*Das Fritzchen-Müller-Gymnasium ist die beste Schule der Stadt*); es kann aber auch einfach nur das Gebäude meinen (*Ich muss heute noch zum Wählen in die Frida-Schulze-Schule gehen*), oder die Unterrichtssituation als solche (*In der Schule sollte man immer konzentriert sein*). Das Wort *Schule* ist daher hochgradig polysem (mehrdeutig).

Da nicht immer alle Sprecher einer Sprache über alle einzelnen der insgesamt in der Sprachgemeinschaft vorhandenen Teilbedeutungen (die manchmal auch „Lesarten" genannt werden) verfügen, wird dies im Schema entsprechend berücksichtigt. (Aus Gründen der besseren Übersichtlichkeit sind diese Unter-Differenzierungen im Schema nur noch für eine der Teilbedeutungen ausgeführt.) Auch „Teilbedeutungen" oder „Lesarten" von Wörtern stellen häufig noch Abstraktionen dar, die in „Verwendungsweisen" unterteilt werden können. Z.B. beziehen sich die Verwendungsweisen des Verbs *den-*

*Lesarten*

*ken* in den Sätzen *Hans denkt* und *Hans denkt das Unmögliche* auf dieselbe Teilbedeutung, unterscheiden sich aber in der Valenz, und damit auch in der Bedeutung, da es eben einen Unterschied ausmacht, ob man eine Tätigkeit nur um ihrer selbst willen ausführt (und als solche benennt), oder ob man ihr ein direktes Objekt zuweist (hier *das Unmögliche*). Verschiedene Sprecher verfügen möglicherweise auch bei Kenntnis derselben Teilbedeutungen nicht immer über identische Kenntnisse der verschiedenen Verwendungsweisen innerhalb der Teilbedeutungen. Noch eine Ebene tiefer liegt die Ebene der konkreten Bezugsobjekte der Wörter (die „Extension" der logischen Semantik). Auch in der Zuweisung möglicher Bezugsobjekte zu einem Wort können sich Sprecherinnen und Sprecher einer Sprache unterscheiden.

**Morphologische Bedeutung**   Wichtig ist auch festzuhalten, dass zu einem Wort semantisch mehr gehört als nur die „lexikalische Bedeutung" im üblichen Sinne. So kann ein Wort Wortbildungsmorpheme enthalten, die eine Wortbildungsbedeutung vermitteln; grammatische Morpheme vermitteln „grammatische" Bedeutungsaspekte. (Z.B.: *Un-bequem-lich-kei-ten*: *un-* = Wortbildungs-Präfix, *bequem* = Stammmorphem, *-lich, -keit* = Wortbildungssuffixe, *-en* = Plural-Morphem.) Solche konkreten Bedeutungsaspekte von „grammatischen Wörtern", also Wörtern so, wie sie in einem Satz oder Text tatsächlich auftreten (mit allen ihren Flexionsmorphemen), werden in der üblichen Betrachtung von „Wortbedeutung" im Sinne der „lexikalischen Bedeutung" meist ausgeklammert. Traditionell wurden sie als Gegenstand der Grammatik, weniger der Semantik gesehen (was allerdings ohnehin ein falscher Gegensatz wäre, da alle Grammatik ja letztlich auf die Semantik, d.h. auf die Bedeutungshaftigkeit von sprachlichen Zeichen und Teil-Zeichen, angewiesen ist).

**type/ token**   Wenn wir also von „lexikalischen Bedeutungen" von Wörtern reden, dann reden wir zunächst über die Ebene einer abstrakten Regel, eines abstrakten Musters, also die *type*-Ebene. Die konkreten sprachlichen Vorkommnisse, die sog. *token*, weisen aber untereinander teilweise signifikante Unterschiede auf. Nur auf der type-Ebene stellen sich Bedeutungen sprachlicher Zeichen als etwas Einheitliches oder Geschlossenes dar. Auf der Ebene der konkreten sprachlichen Realität zerfallen sie in eine Vielzahl von unterschiedlichen *token* mit ihren jeweiligen Bedeutungsnuancen. Kommen solche Nuancen regelmäßig und erwartbar vor, verdichten sie sich

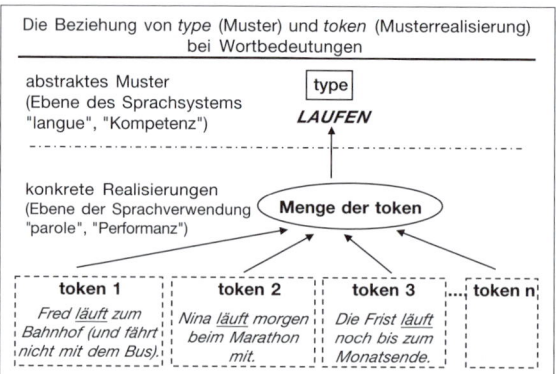

**Abb. 14:** *type* und *token* bei Wortbedeutungen

zu Teilbedeutungen oder Lesarten. Die meisten solcher Nuancen werden jedoch auf dem Radarschirm einer lexikalischen Semantik gar nicht erst erfasst.

## 5.2 Stilistische, soziale, konnotative Bedeutungselemente

Ein interessanter Bereich der Lexikalischen Semantik, der aber von der üblichen Semantikforschung meist gänzlich ignoriert wird, ergibt sich durch die sogenannten *Nebenbedeutungen* oder *Konnotationen* und die Berührung der Semantik mit Fragen der (linguistischen) *Stilistik*. Dies betrifft z.B. scheinbar bedeutungsidentische oder -ähnliche Wörter (Synonyme im weiteren Sinne), bei denen das (scheinbar überflüssige) Nebeneinander zweier (oder mehr) Lexeme dadurch erklärt werden kann, dass die Lexeme unterschiedlichen Stilebenen (Registern) der Sprache zugehören. Bereits 1900 hatte K.O. Erdmann zwischen dem „begrifflichen Inhalt" eines Wortes (also der *Lexikalischen Bedeutung* im üblichen Sinne) und dem „Nebensinn und Gefühlswert" von Wörtern unterschieden. Heute hat sich für diese Unterscheidung das Begriffspaar *Denotation* und *Konnotation(en)* eingebürgert.

Konnotationen

„Ich unterscheide also am Wort dreierlei: 1. den *begrifflichen Inhalt* von größerer oder geringerer Bestimmtheit, 2. den *Nebensinn*, 3. den *Gefühlswert*. Und ich verstehe unter dem Nebensinn alle Begleit- und Nebenvorstellungen, die ein Wort gewohnheitsmäßig und unwillkürlich in uns auslöst, unter dem Gefühlswert oder Stimmungsgehalt alle reactiven Gefühle und Stimmungen, die es erzeugt." (K. O. Erdmann: Die Bedeutung des Wortes. Leipzig 1900, 82)

*Konnotationen*: Ein und dasselbe Objekt kann manchmal je nach Situation, Kontext oder angestrebter stilistischer Wirkung mit unterschiedlichen Wörtern benannt werden. Diese können sich voneinander durch feine Bedeutungsunterschiede, durch *Konnotationen* unterscheiden. So kann sich ein(e) Sprecher(in)/ Schreiber(in), um seine/ ihre Aussageabsicht zu verwirklichen, zwischen *greifen* und *grapschen*, zwischen *Merkmal, Kennzeichen, Symptom, Syndrom, Zeichen, Anzeichen, Charakteristikum* usw. entscheiden.

**Typen von Konnotationen:**
- <u>emotionale Bedingungen</u> des Wortgebrauchs: z.B. scherzhaft, ironisch, spöttisch, zärtlich, abwertend – Bsp.: *Drahtesel, Dickerchen, Köter, Schwarte*
- <u>kommunikative Ebene</u> des Sprachgebrauchs: z.B. ungezwungen, umgangssprachlich, salopp, offiziell, förmlich – Bsp.: *durchdrehen, (armes) Luder, Vermählung*
- <u>Funktionsbereich</u> des Wortgebrauchs: z.B. administrativ, fachsprachlich – Bsp.: *Postwertzeichen, Entgelt, oral, Allegro*
- <u>soziale Geltung</u> des Wortgebrauchs: z.B. Jargon, familiär, jugendsprachlich – Bsp.: *OP-Saal, ätzend, aufs Töpfchen gehen*
- <u>regionale Bindung</u> des Wortschatzes: Bsp.: *Schlachter, Metzger, Fleischer*

> – <u>zeitliche Gebundenheit</u> des Wortgebrauchs: Markierung z.B.: veraltet –
>   Bsp.: *Herrenwelt, Perron, Einschreibungen (militärspr.)*
> – <u>Kommunikationsabsicht, Modalität</u> (Sprechakt): z.B. höflich, grob –
>   Bsp.: *Gestatten Sie!, Halt die Gosch!*
> – <u>politischer Geltungsbereich</u> des Wortgebrauchs: z.B. DDR-Wortschatz –
>   Bsp.: *LPG, Volkssolidarität*                              (nach Schippan 1992, 121 ff)

**Stilwerte**   *Funktional-/ Situationsstile*: Die Unterschiede zwischen den Wörtern
können auch funktional bzw. situational bedingt sein: So können z.B.
von den bedeutungsgleichen Wörtern/ Synonymen *reden, sagen, quat-schen, quasseln* nur *reden* und *sagen* im offiziellen und im gehobenen
Sprachgebrauch verwendet werden. Andererseits entscheidet sich oft
erst im *Sprachgebrauch*, ob ein Wort angemessen ist oder nicht. So
„passt" das Wort *Tunichtgut* durchaus in einen mündlichen alltags-sprachlichen Text – *er ist ein richtiger Tunichtgut*, aber keineswegs in
ein Zeugnis. *Fahrausweis* und *Fahrschein, -karte, Schnipsel, entwerten*
und *lochen, Fahrgeld entrichten* und *zahlen, Beförderungsgebühr* und
*Fahrgeld* unterscheiden sich z.B. durch die funktionale Charakteristik
‚Amtsverkehr' und ‚neutral' oder ‚umgangssprachlich'.

*Varietäten*: Lexeme können Elemente verschiedener Existenz-formen der Sprache sein und unterliegen damit ebenfalls bestimm-ten Auswahlbeschränkungen: Mundartwörter fallen in einem
standardsprachlichen Text auf und können dann besondere Wir-kungen erzielen, wie niederdeutsch. *lütt*, ostmitteldeutsch *Hader*
(‚Scheuertuch'), Berlinisch *Puckel, Buckel*: *du kannst mir mal'n Puckel
langrutschen*.

*Archaismen*: Der Wortschatz enthält Wörter sowohl unterschied-lichen Alters als auch unterschiedlicher Herkunft. Wörter aus vergan-genen Zeiten, sogenannte *Archaismen*, können in der Gegenwartsspra-che stilistische Funktionen erfüllen – sie können der Charakteristik der
Sprecher oder der ironischen Darstellung dienen. Solche Wirkungen
können z.B. Wörter wie *Schulmeister, Weib* oder *Base* haben.

*Euphemismen/ Fremdwörter*: Auch fremdes Wortgut gewinnt, wenn
es neben deutschen gleichbedeutenden Lexemen verwendet wird,
zusätzliche Gebrauchseigenschaften, die die Stilistik beschreibt. Das
fremde Wort kann z.B. euphemistisch (verhüllend) verwendet werden:
*korpulent* statt *dick, Suizid* statt *Selbstmord*, es kann steigernd einge-setzt werden: *apathisch* für *teilnahmslos* usw.

## 5.3 Worttypen und Typen von Wortbedeutung

Eine Unterscheidung von Worttypen *neben* der in Syntax und Morpho-logie üblichen Unterscheidung von Wort*arten* ist bisher nicht üblich,
aus semantischer Sicht aber notwendig, weil sie Aspekte (Kriterien)
betrifft, die üblicherweise bei der Unterscheidung von Wortarten nicht

berücksichtigt werden. Während bei der Unterscheidung von Wort*arten* weitgehend *grammatische* und *morphologische* Kriterien eine Rolle spielen, betrifft die Unterscheidung von Wort*typen* vor allem *semantische* Merkmale, also Eigenschaften der Wortbedeutung.

Hier werden schon seit altersher (letztlich seit Aristoteles und der auf ihn zurückgehenden antiken Grammatik) zwei Gruppen von Wörtern unterschieden, die sog. *kategorematischen* und die *synkategorematischen* Ausdrücke, die nach einer Definition von Anton Marty (1908, 205 ff.) heutzutage mit den Termini „Autosemantika" und „Synsemantika" bezeichnet werden. Unter *Autosemantika* (wörtlich übersetzt: „Selbstbedeuter") werden solche Wörter verstanden, die über eine eigene, vollständige begriffliche Bedeutung verfügen, also eine solche Art von Bedeutung, wie sie von den klassischen Bedeutungstheorien und -definitionen erfasst wird. D.h.: Die Bedeutung solcher Wörter kann dadurch erklärt werden, dass diese Wörter auf bestimmte Gegenstände, Sachverhalte, Zustände, Vorgänge usw. der außersprachlichen Welt hinweisen. Dies trifft auf Wortarten wie Substantive/ Nomen, Adjektive und Verben zu. Man nennt sie missverständlicherweise häufig auch „Inhaltswörter" (als hätten die anderen Wörter keinen „Inhalt"). In der Schulgrammatik wurden sie als „Hauptwörter" bezeichnet. Unter dem anderen Worttyp, den *Synsemantika* (wörtlich: „Mitbedeuter") versteht man die Wörter, deren Bedeutung *nicht* durch Verweis auf Gegenstände und Sachverhalte der außersprachlichen Welt erklärt werden kann. Das sind Wortarten wie Konjunktion, Präposition, ein Teil der Adverbien, Pronomen, Artikel usw. Man bezeichnet diese Wortarten oft auch als „Funktionswörter", „Beziehungswörter" „grammatische Wörter", „Nebenwortarten" usw.

*Autosemantika/ Synsemantika*

Man sieht leicht, dass die Unterscheidung mit *semantischen* Unterschieden begründet ist. Genauer gesagt: Im Grunde genommen sind die sog. „Synsemantika" eine *Restklasse*, die sich deshalb ergibt, weil die Definition des Bedeutungsbegriffs in den traditionellen Bedeutungstheorien nicht auf diese Wortarten zutrifft. Diese Ausgrenzung der Synsemantika aus den klassischen Bedeutungsdefinitionen geht z.T. so weit, dass man diesen Wortarten sogar die Eigenschaft, Bedeutung zu haben, vollständig abspricht. Man sagt dann etwa, nur Autosemantika (also Nomen, Adjektive, Verben) hätten eine *Bedeutung*; die Synsemantika (Konjunktionen, Präpositionen usw.) hätten keine eigene *Bedeutung*, sondern vielmehr nur eine grammatische *Funktion* (daher auch die Bezeichnung „Funktionswörter"). Es werden dann Gegenüberstellungen gemacht wie: Inhaltswörter vs. Funktionswörter; bedeutungstragende Wörter vs. grammatische Wörter, usw.

*Synsemantika: Stiefkinder der Semantik*

Merkwürdigerweise hat noch nie (bzw. kaum) jemand aus der Tatsache, dass die traditionellen Bedeutungstheorien lediglich die Bedeutungen von Nomina, Adjektiven und Verben erfassen und beschreiben können, nicht aber die Bedeutungen von Präpositionen, Konjunktionen, Partikeln usw., den Schluss gezogen, dass dann vielleicht die Bedeutungs*theorie* unzureichend sein könnte. Statt dessen hat man die absurde Folgerung gezogen, dass die mit dem favorisierten Bedeutungsmodell nicht erklärbaren Wortarten eben über keine *Bedeutung* (im definierten Sinne) verfügen. Diese aus bedeutungstheoretischer wie aus zeichentheoretischer Sicht unhaltbare Position wird bis heute in vielen linguistischen Handbüchern, Lexika usw. vertreten. Absurd ist diese Folgerung deshalb, weil der Saussuresche Zeichenbegriff das sprachliche Zeichen *grundsätzlich* als Verknüpfung einer Ausdrucksseite mit einer Inhaltsseite definiert; man müsste dann also den „Synsemantika" den Zeichencharakter absprechen, was unsinnig wäre, und was wohl auch kein Linguist explizit so behaupten würde. Oder man müsste zwischen „Bedeutung (im engeren Sinn)" und „Inhalt (im weiteren Sinn)" unterscheiden, was ebenfalls wenig sinnvoll wäre, weil es eine sehr künstliche Abgrenzung innerhalb eines Phänomens wäre, das von unserem Alltagsverständnis her als dasselbe (als einheitlich) empfunden wird.

### 5.4 Das Problem der „wörtlichen Bedeutung"

„übertragene Bedeutung"

Ein sehr spezielles Themenfeld, das weit über die Grenzen der üblichen linguistischen Semantik, insbesondere aber die der lexikalischen Semantik hinausführt, ist das Verhältnis zwischen der sogenannten „wörtlichen Bedeutung", die oft umstandslos auch einfach mit der „lexikalischen Bedeutung" oder „Wortschatzbedeutung" oder „konventionellen Bedeutung" gleichgesetzt wird, und den „übertragenen", „indirekten", „nicht-wörtlichen" Bedeutungen von Wörtern oder Sätzen. Bei einem Satz wie *Unser Jubilar saß am Kopf der Tafel* wird niemand bei *Kopf* an einen Körperteil denken. Eine solche Wortverwendung nennt man *metaphorisch* oder *übertragen*. Das Wort *Kopf* ist in dieser Verwendung also eine *Metapher* und nicht „wörtlich" gemeint. Ein anderer Typ von Übertragung ist die Metonymie; bei einem Satz wie *Jan stieg aufs Rad* wird niemand daran denken, dass Jan sich auf einen Reifen gesetzt hat. Vielmehr steht *Rad* für *Fahrrad*, das Teil für das Ganze. Die scheinbar so naheliegende Unterscheidung zwischen „metaphorischer" bzw. „metonymischer" oder „wörtlicher" Bedeutung ist aber nicht immer klar zu ziehen. Bei einem Satz wie *Felix hat seine Maus verloren* können wir bei *Maus* etwa an sein Haustier, das Eingabegerät eines Computers oder seine verflossene Freundin denken. Während die Bedeutungsvariante „Tier" ganz eindeutig nicht-metaphorisch ist, und die Variante „Freundin" wohl meist als klar metaphorisch eingestuft würde, ist dies bei der Bedeutungsvariante „PC-Maus" heute gar nicht mehr so klar. Wortbedeutungen tendieren dazu, durch Bedeutungswandel und das Verblassen der ursprünglichen „wörtlichen" Bedeutung ihren metaphorischen Charakter zu verlieren. Man nennt das dann „Lexikalisierung" der Bedeutungsvariante; gemeint ist, dass die zunächst „übertragene",

„indirekte", „metaphorische" Bedeutung zur normalen konventionellen, d.h. „lexikalischen Bedeutung" des Wortes werden kann.

Die genaue Klärung dessen, was eigentlich eine Metapher ist, zählt zu den schwierigsten Fragen der Sprachtheorie. Die Theorie der Metapher ist eines der unübersichtlichsten Gebiete der Semantiktheorien überhaupt, und kann daher in einer solchen Einführung nicht angemessen dargestellt werden. Da sich Semantiker darüber meistens ohnehin keine Gedanken machen, da sie ja von der „wörtlichen", „lexikalischen" Bedeutung als ihrem Gegenstand ausgehen und das Erklären von indirekten, übertragenen Bedeutungen für nebensächlich halten (was wohl ein großer Irrtum ist, aber dem Mainstream entspricht), wäre indes viel interessanter, von ihnen zu erfahren, wie sie denn den Begriff (oder das Phänomen) „wörtliche Bedeutung" definieren (bzw. erklären) würden. Interessanter- und bezeichnenderweise muss man in diesem Punkt aber Fehlanzeige auf breiter Linie melden. Der Begriff „wörtliche Bedeutung" (oder „lexikalische Bedeutung", oder „konventionelle Bedeutung") wird schlicht nicht erklärt, sondern als selbstverständlich vorausgesetzt.

Dazu würde man eine Theorie der (semantischen bzw. lexikalischen) Konvention(en) benötigen. Obwohl die Umrisse einer solchen Theorie mit der Konventionstheorie von D.K. Lewis (1969) und dem Regel-Begriff des Philosophen Wittgenstein gut erkennbar sind, gibt es bis heute keinerlei Bemühungen seitens der linguistischen Semantik, den Begriff der konventionellen Bedeutung einer näheren Klärung zuzuführen. Das Rätsel dessen, was genau man sich unter der „wörtlichen Bedeutung" vorzustellen hat, wie und woran genau man sie erkennt, wird also bis auf weiteres ungelöst bleiben.

1. Was versteht man unter dem Ausdruck „lexikalische Semantik" **Aufgaben** und was unter „lexikalische Bedeutung"?
2. Warum kann man mit Bezug auf die „lexikalische Bedeutung" von Wörtern von einem „wissenschaftlichen Konstrukt" sprechen?
3. Unterscheiden Sie verschiedene Ebenen von „Wortbedeutung".
4. Welche Auswirkungen haben die Grundbegriffe „type" (Zeichentyp, Muster, Regel) und „token" (Zeichenexemplar) auf den Begriff „Bedeutung" (v.a. mit Bezug auf „Wortbedeutung")?
5. Was meinte K.O. Erdmann mit der Unterscheidung von „begrifflichem Inhalt" und „Nebensinn und Gefühlswert" der Wörter?
6. Nennen Sie Beispiel für die wichtigsten Typen von Konnotationen.
7. Erläutern Sie den Unterschied von „Autosemantika" und „Synsemantika" und überlegen Sie, worin die Probleme einer solchen kategorischen Unterscheidung bestehen.
8. Was versteht man unter einer „wörtlichen Bedeutung" und einer „übertragenen Bedeutung" und in welchem Zusammenhang stehen beide? Nennen Sie Beispiele.

Cruse 1986, Kap. 1; Schippan 1992, Kap. 7; Busse 1991, Kap. 2.4.     **Vertiefung**

# 6. Semantische Relationen

## 6.0 Ziele und Warm Up

Ziele

In diesem Kapitel werden wir:
- In knapper Form die wichtigsten „semantischen Relationen" darstellen.

Warm Up

Was ist an dem Satz *Die kleine Blonde bellt zu viel* semantisch schief?

## 6.1 Syntagmatische und paradigmatische Relationen, Polysemie, Synonymie, Hypo- und Hyperonymie

Syntagmatische
Relationen

Neben der Beschreibung der Bedeutungen einzelner Wörter (bzw. Lexeme), was meist zum Zweck des Verfassens von Wörterbuch-Artikeln erfolgt, hat sich die linguistische Semantik immer auch mit der Beschreibung, Klassifizierung und Erklärung von sogenannten semantischen Relationen beschäftigt. Zunächst einmal stellt nach der Auffassung der linguistischen Zeichentheorie (etwa in der Form, wie sie von de Saussure entwickelt worden ist) bereits jedes sprachliche Zeichen (Wort bzw. Lexem) für sich genommen eine Relation dar, nämlich die zwischen einer Ausdrucksseite und einer Inhaltsseite. Neben dieser Relation hat Saussure zwei andere Typen von Relationen (Relationen *zwischen* sprachlichen Zeichen) beschrieben, die er „syntagmatische" und „paradigmatische Relationen" genannt hat.

Syntagmatische Relationen sind diejenigen Relationen, die zwischen den einzelnen Zeichen in einer Zeichenkette bestehen. Dabei dachte Saussure wohl vor allem an die zwischen den Wörtern in einem Satz.

Dies sind z.B. Beziehungen der *Kongruenz* (so die Kongruenz zwischen einem Artikel, einem Adjektiv und dem Nomen/ Substantiv, zu dem sie gehören, hinsichtlich Genus, Numerus und Kasus) und der *Rektion* (z.B. regiert die Präposition *an* die Nominalgruppe *einem schönen Morgen* und das finite Verb *wachte auf* regiert die Präpositionalgruppe *an einem schönen Morgen*). Die meisten syntagmatischen Beziehungen zwischen Wörtern sind *syntaktischer* Art, wovon die Syntax als Teilgebiet der Linguistik

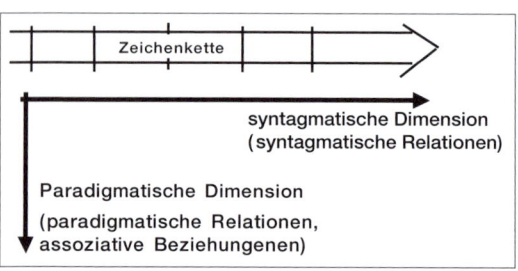

**Abb. 15:** Syntagmatische und paradigmatische Relationen

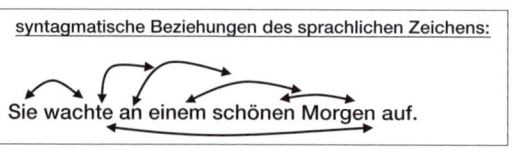

**Abb. 16:** Syntagmatische Relationen im Beispiel

und Grammatik auch ihren Namen hat. Es gibt jedoch auch im engeren Sinne *semantische* syntagmatische Beziehungen, die allerdings nicht recht gut erforscht sind. Ein wichtiger Typ semantischer syntagmatischer Beziehungen sind die Beziehungen, die zwischen zwei (oder mehr) Wörtern dadurch entstehen, dass diese häufig miteinander vorkommen. Dieses „miteinander vorkommen" nennt man *Kollokation* (von lat. *con* ,mit' und *locus* ,Ort'), die Ketten von zwei oder mehr Wörtern dann entsprechend *Kollokationen*. Feste Wortverbindungen, die in den Wortschatz eingehen (also lexikalisiert werden) nennt man *Phraseologismen*.

Die Grenzziehung zwischen Kollokationen und Phraseologismen ist nicht ganz einfach und daher häufig strittig. Eine typische Kollokation könnte z.B. sein *ein Gebäude errichten*. Dies kann man daran erkennen, dass ein Fremdsprachenlerner des Deutschen, der z.B. gesagt hätte *ein Gebäude erstellen* möglicherweise darauf hingewiesen würde: *man sagt aber: Gebäude errichten*. Kollokationen wie *Schwarzes Brett*, *Runder Tisch* (gemeint als Metapher in der Sprache der Politik) werden häufig schon zu den Phraseologismen gerechnet (oft durch Großschreibung signalisiert). Manche Kollokationen können regelrecht zu Eigennamen werden, wie z.B. *Rotes Kreuz*. Darüber, ob es sich bei solchen Arten von Beziehungen wirklich um semantische Beziehungen handelt, kann man sich streiten. Ihre Erforschung wird zur *Lexikologie* gerechnet, die Fragen der Semantik eng berührt, aber mit der semantischen Forschung eben auch nicht identisch ist.

*Kollokationen und Phraseologismen*

Porzig (1934) hat hierzu den Begriff „wesenhafte Bedeutungsbeziehungen" geprägt und dafür zahlreiche Beispiele genannt:

> „Solche Bedeutungsbeziehungen zwischen Wörtern, dass mit dem einen das andere implicite mitgesetzt ist, finden sich in der Sprache in großer Zahl. Wie das *gehen* die *Füße* voraussetzt, so das *greifen* die *Hand*, das *sehen* das *Auge*, das *hören* das *Ohr*, das *lecken* die *Zunge*, das *küssen* die *Lippen*." – „Womit *beisst* man? Natürlich mit den *Zähnen*. Womit *leckt* man? Selbstverständlich mit der *Zunge*. Wer *bellt*? Der *Hund*. Was *fällt* man? *Bäume*. Was ist *blond*? *Menschliches Haar*." (Porzig 1934, 70)

Das Wissen über diese Beziehungen zwischen Wörtern ist ein wichtiger Teil unseres wortbezogenen Wissens. Da es sich meist nur semantisch erklären lässt, kann man solche Relationen mit zu den semantischen Beziehungen im Wortschatz rechnen, was nicht durchgängig üblich ist, da man unter dem Begriff „semantische Relationen" eher solche Phänomene wie *Synonymie, Homonymie, Antonymie* versteht.

Zunächst aber noch ein Wort zur *Polysemie*. Polysemie ist die Mehrdeutigkeit eines Wortes; dieser Terminus wird dann verwendet, wenn zwischen den verschiedenen Bedeutungen eines Wortes (d.h. den Bedeutungsvarianten eines Wortes, die oft auch *Lesarten* genannt werden) semantische Zugehörigkeits-Beziehungen bestehen. So kann das Wort *Schule* etwa je nach Kontext sehr Verschiedenes bedeuten (siehe die Beispiele auf S. 95). Das Wort *Schule* ist daher hochgradig polysem oder mehrdeutig.

**Polysemie** = Mehrdeutigkeit eines Wortes:
*Die Schule¹ fällt Fritzchen nicht leicht.*     *Fritzchen geht in die Schule².*
*Die Schule³ muss reformiert werden.*     *Die Schule⁴ muss renoviert werden.*

Immer dann, wenn die Bedeutungen einer Wortform so deutlich voneinander unterschieden sind, dass sie nach unserem heutigen allgemeinen Verständnis gar nichts mehr miteinander zu tun haben, also dann, wenn man geneigt wäre, von *zwei* Wörtern (bzw. Lexemen) zu sprechen, die nur zufällig dieselbe Ausdrucksseite haben, spricht man von *Homonymie* (und nennt die Wörter einer solchen Beziehung *Homonyme*). Klassische Beispiele sind etwa *Bank* als Geldinstitut oder Sitzgelegenheit und *Schloss* als Gebäude oder Schließmechanismus.

**Homonymie** = Ausdrucksidentität von zwei bedeutungsverschiedenen Wörtern:
*Das Schloss¹ klemmt. Das Schloss² wird besichtigt.*

Es ist aber nicht in allen Fällen ganz einfach und unstreitig, ob man einen Fall von Polysemie oder von Homonymie annehmen soll.

*Synonymie* ist die Bedeutungs*identität* von zwei Wörtern. Es ist sehr strittig, ob es eine strikte Bedeutungsidentität in der Sprache überhaupt gibt. Ob man sie annimmt oder nicht, hängt nicht zuletzt auch von der zugrundegelegten Bedeutungstheorie bzw. -definition ab. Vertreter der Logischen Semantik, die Wortbedeutungen allein über den Gegenstandsbezug definieren wollen, werden sicher häufiger Fälle von Synonymie entdecken als Vertreter einer funktionalen, einer pragmatischen oder einer soziolinguistisch reflektierten Semantik.

**Synonymie** = **mögliche Definition der strengen Form:** Zwei Wörter sind synonym dann, wenn man das eine in jedem Kontext für das andere einsetzen kann (Substitution).

Klassische Beispiele sind etwa *Zahnarzt* und *Dentist,* oder *Metzger, Fleischer, Schlachter.* Variations- oder Soziolinguisten würden einwenden, dass im ersteren Falle eine Differenz zwischen Gemeinsprache und Fachsprache, und im zweiten Falle eine Differenz zwischen verschiedenen Dialekten bzw. Regionalsprachen vorliegt. Solche Ausdrücke sind also immer auch über ihre denotative Bedeutung hinaus soziolektal markiert. Da in der Sprache im Allgemeinen das Ökonomieprinzip äußerst strikt herrscht, wird es kaum jemals eine echte Funktionsidentität eines Wortes in allen seinen Hinsichten geben.

Wörter wie *Gemahlin, Gattin, Ehefrau, Frau, Alte* mögen zwar unter einer sehr abstrakten logisch-semantischen Betrachtungsweise als referenzidentisch aufgefasst werden können, werden aber wohl von kaum einem Sprecher als durchgängig synonym aufgefasst werden.

Eine wichtige Rolle in unserem lexikalischen Wissen spielen die semantischen Beziehungen der (begrifflichen) Über- oder Unterordnung, z.B. *Wissenschaftler* und *Linguist*. Die Unterordnung nennt man auch *Hyponymie*, die Überordnung *Hyperonymie*; zwei Wörter, die demselben Oberbegriff untergeordnet sind, nennt man *Ko-Hyponyme*. Zum Beispiel ist *Lebewesen* Oberbegriff/ Hyperonym zu *Tier*, dieses wiederum zu *Pferd* und dieses zu *Schimmel, Rappe, Fuchs, Hengst, Stute, Fohlen*. Letzere sind alle Ko-Hyponyme zu *Pferd*, d.h. sie liegen auf derselben „Ebene" der Begriffshierarchie, aber sie beziehen sich nicht alle auf dasselbe unterscheidende semantische Kriterium.

> **Hyperonymie/ Hyponymie** = Ein Wort ist dann ein Oberbegriff/ Hyperonym zu einem anderen Wort, wenn seine Bedeutung die Bedeutung des untergeordneten Wortes (Unterbegriff/ Hyponym) einschließt. (Genauer: Wenn die Menge aller vom übergeordneten Wort bezeichneten Gegenstände die Menge aller vom untergeordneten Wort bezeichneten Gegenstände einschließt.)

Die Aufstellung von Begriffssystemen war eines der beliebtesten Spiele der Wissenschaft des 18. und 19. Jahrhunderts, ist seitdem aber ein wenig in Verruf geraten, da man bemerkt hatte, dass der Versuch, systematisch die Beziehungen aller Begriffe in einer Sprache zueinander zu beschreiben, dem Versuch gleichkommt, die Gesamtheit der Phänomene unserer Welt in eine systematische Ordnung zu bringen. Solche Versuche sind aber als restlos gescheitert zu betrachten.

Mit dem Begriff *paradigmatische Beziehungen* meinte Saussure all solche Beziehungen, die zwischen sprachlichen Zeichen aufgrund von Ähnlichkeiten verschiedenster Art bestehen. Er nannte sie daher auch *assoziative Beziehungen*. (Im engeren Sinne bezeichnet der Terminus *Paradigma* in der Linguistik eine Menge von Zeichen, die an derselben Position in einer Zeichenkette – z.B. in einem Satz oder Syntagma oder einem komplexen Wort – vorkommen können.) Semantische Beziehungen der *Bedeutungsähnlichkeit* werden zumeist mit dem Begriff oder Modell der sog. *Wortfelder* oder *lexikalisch-semantischen Felder* beschrieben (siehe dazu unten 6.3).

## 6.2 Antonymie- und Inkompatibilitätsrelationen

Neben den Beziehungen der Bedeutungs*verschiedenheit* (Polysemie), der Bedeutungs*identität* (Synonymie und Homonymie), und der Bedeutungs*hierarchie* (Hyperonymie bzw. Hyponymie) sind die Beziehungen des Bedeutungs*gegensatzes* ein wichtiger Gegenstand der Untersuchung und Beschreibung semantischer Relationen. Diese Art von Beziehungen hat man lange Zeit recht pauschal als *Antonymie* (ihre Glieder als *Antonyme* oder *Gegenbegriffe*) bezeichnet. Über die Einteilung der semantischen Relationen gibt es keinen Konsens. Insbesondere die Oberklasse Antonymie wird sehr unterschiedlich eingeteilt und definiert. Sinnvoll ist etwa eine Unterscheidung in *Kontradiktion, Komplementarität, Kontrarität* und *Konversion*.

**Kontradiktion** = Zwei Wörter sind dann semantisch kontradiktorisch, wenn sie einen Sachverhaltsbereich genau in zwei Teile teilen, so dass die Wahrheit des einen Wortes die Wahrheit des anderen Wortes ausschließt. Ein Mittleres (oder Drittes) gibt es nicht (tertium non datur) Z.B. *tot – lebendig*
**Komplementarität** = Eine weniger strikte Form des Bedeutungsgegensatzes. Auch hier wird meist ein Sachverhaltsbereich in zwei Teile geteilt, die sich gegenseitig ausschließen, z.B. *roh – gekocht*. Im Unterschied zur Kontradiktion lässt unser Alltagswissen hier jedoch noch andere Prädikate (Ausdrücke) zu (z.B. *geräuchert*), so dass die für die Kontradiktion geltende Regel des *tertium non datur* hier nicht strikt zutrifft.

Weniger strikte Komplemente sind Ausdrücke, die zwei Pole einer Skala bezeichnen, auf der es Wörter für feste Mittelpositionen gibt:

| nicht – Z | | , Z | | nicht – Z |
|---|---|---|---|---|
| *ankommen* | – | *da sein* | – | *abfahren* |
| *lernen* | – | *wissen* | – | *vergessen* |
| *erwerben* | – | *besitzen* | – | *verlieren* |
| *geboren werden* | – | *leben* | – | *sterben* |

Solche Fälle lassen sich wahrscheinlich besser als mit Begriffen von semantischen Relationen der Gegensätzlichkeit mit Mitteln der semantischen Analyse von Wissensrahmen/ Frames beschreiben, da zu den jeweiligen Beziehungsgefügen möglicherweise noch mehr Wörter (und Positionen) als zwei Endpole samt Mittelbereich gehören.

**Kontrarität/ skalare Antonymie** = Zwei Wörter bezeichnen zwei gegensätzliche Pole (und werden auch als gegensätzlich wahrgenommen), doch sind sie Pole einer Skala, auf der mehrere Zwischenstufen möglich sind.

| *heiß* | – | *(warm* | – | *lau)* | – | *kalt* |
|---|---|---|---|---|---|---|
| *naß* | – | *(feucht* | – | *klamm)* | – | *trocken* |
| *groß* | – | | *(mittelgroß)* | | – | *klein* |

Eine einfache Relation des Bedeutungs*gegensatzes* bzw. der *Kontrarität* (Antonymie im engeren Sinne) besteht immer dann, wenn zwei Wörter zwei Pole einer Skala markieren, auf der es auch fest im Wissen verankerte Zwischenstufen (mit entsprechenden Wörtern) gibt.

Häufig wird ein weiterer Typ eingeführt, der früher zur Antonymie gerechnet wurde, nämlich die *Konversion* bzw. *Bedeutungsentsprechung*. Linke u.a. (2004, 162 f.) unterscheiden hier zwei Typen.

**Konversion I (Bedeutungsentsprechung) =**
Die semantische Beziehung der Konversion I besteht, wenn zwei Wörter sich auf eine gemeinsame Sachverhalts-Relation beziehen und ihre Wortbedeutungen jeweils einen von zwei entgegengesetzten Blickwinkeln darstellen.

*kaufen – verkaufen*        *Mutter/Vater – Kind*
*herauf – hinauf*           *kommen – gehen*

**Konversion II =** Die semantische Beziehung der Konversion II besteht, wenn zwei Wörter sich auf zwei gegensätzliche Sachverhalte beziehen, die sie aus einer identischen Perspektive darstellen.

*hinauf – hinunter*        *innen – außen*

Nicht strikt zur Antonymie i.e.S. gehört die semantische Beziehung der *Heteronymie* bzw. *Inkompatibilität*. Diese Relation (hier nach Linke u.a. 2004, 161) deckt einen Bereich semantischer Beziehungen ab, der einer der klassischen Gegenstände der Theorie der *Wortfelder* ist.

**Heteronymie/ Inkompatibilität =**
Zwei oder mehr Wörter sind heteronym, wenn ihre Bedeutungen sich wechselseitig ausschließen und sie zusammen einen gemeinsamen Bedeutungs-/ Gegenstandsbereich in einer bestimmten Dimension tendenziell vollständig abdecken.

*blau – grün – gelb – rot ...*        *Montag – Dienstag – Mittwoch ...*

Schließlich wird von Linke u.a. (2004, 163) zu den semantischen Relationen noch die *Implikation* (*Bedeutungsenthaltung*) gerechnet.

**Implikation (Bedeutungsenthaltung) =**
Die semantische Beziehung der Implikation besteht dann, wenn die Bedeutung des einen Wortes die Bedeutung des anderen Wortes voraussetzt oder bedingt.
(Die Relation wird auch als „semantische Präsupposition" bezeichnet)
*töten – sterben* (*Maria hat Hans getötet* impliziert/präsupponiert *Hans ist gestorben*)

Dieser Typus greift schon weit in den Gegenstandsbereich hinein, der gewöhnlich zur Linguistischen Pragmatik (als einem eigenständigen Theorie- und Forschungsbereich der Linguistik) gerechnet wird (siehe dazu oben Kap. 3.3), nämlich die *Implikaturen* (d.h. im Sprachverstehen zu vollziehende Schlussfolgerungen auf die gemeinte Bedeutung, die von der „wörtlichen Bedeutung" des geäußerten Satzes abweicht) und die *Präsuppositionen* (also das Phänomen, dass man zum Verstehen der geäußerten Sätze manchmal weitere, nicht geäußerte Sätze „hinzudenken" muss). Neben diesen starken Bezügen der „semantischen Relationen" zum Gegenstandsbereich der Linguistischen Pragmatik fällt auf, dass viele der erwähnten Beispiele auch als Beispiele für die semantische Frame-Theorie (s.o. Kap. 4) an zentraler Stelle genannt wurden (z.B. bei Fillmore das Beispiel *kaufen – verkaufen*, oder Bezeichnungen wie *Vater, Mutter, Tochter, Sohn, Schwester* usw.). Frame-Semantik und Linguistische Pragmatik erscheinen daher bei genauerer Betrachtung als die adäquateren Erklärungsansätze für das, was sehr verkürzend als „semantische Relationen" bezeichnet wird.

### 6.3 Wortfelder (lexikalisch-semantische Felder), Bedeutungsähnlichkeit, paradigmatische Relationen

Diese Beobachtung gilt insbesondere auch für die Analyse der sog. „Wortfelder" (Trier 1931). Diese werden auch als Relationen der „Bedeutungsähnlichkeit" bezeichnet und stellen den Paradefall der „paradigmatischen Relationen" dar, wie sie bereits Saussure beschrieben hatte. Bei ihm wurden diese Relationen auch als „assoziative Beziehungen" eines sprachlichen Zeichens zu anderen sprachlichen Zeichen definiert. Typische Wortfelder wären etwa Bezeichnungen für „fließende Gewässer" wie *Strom – Fluss – Flüsschen – Bach – Rinnsal*, für „stehende Gewässer" wie *Meer – See – Teich – Tümpel – Lagune*, für Bildungseinrichtungen wie *Schule – Universität – Kolleg – Lyceum* usw.

---

**Bedeutungsähnlichkeit (Wortfelder):**
Zwei Wörter sind bedeutungsähnlich (gehören zu einem gemeinsamen Wortfeld), wenn ihre Bedeutungen in mehreren zentralen semantischen Merkmalen übereinstimmen.
*Bach – Fluss – Strom ; Teich – See – Lagune*
*klirren – scheppern – rasseln*　　　　　*Schule – Universität – Kolleg – Lyceum*

---

Wortfelder lassen sich so beschreiben, dass die einzelnen Wörter eines Feldes eine größere Menge semantischer Merkmale miteinander teilen, sich aber in einem oder einigen wenigen Merkmalen unterscheiden. Man geht davon aus, dass Wortfelder einen größeren Sachbereich in verschiedene Einzelgegenstände aufteilen. Innerhalb der „Wortfelder" muss man aber solche, die die einzelnen Bezugsobjekte ihres Gegenstandsbereichs trennscharf voneinander abgrenzen (wie die Wochentags- oder Monatsnamen oder die Bezeichnungen für Schulnoten wie *sehr gut – gut – befriedigend – ausreichend – mangelhaft – ungenügend*) von solchen unterscheiden, bei denen die einzelnen Wörter des Feldes in ihrem Referenzbereich (ihrer Extension) nicht trennscharf voneinander abgegrenzt sind, sondern Überschneidungen möglich bleiben (wie z.B. bei den genannten Gewässerbezeichnungen). Gemeinsam ist den Wörtern eines Wortfeldes jedoch das, was den Grund für das Ansetzen einer solchen linguistischen Kategorie wie „semantisches Feld" überhaupt geliefert hat, nämlich die Tatsache, dass das Nennen oder Benutzen eines der Wörter automatisch die Assoziation zu anderen Wörtern eines solchen Feldes eröffnet (oder eröffnen kann). Was mit Begriffen wie „Wortfeld" oder „Bedeutungsähnlichkeit" beschrieben wird, verweist daher unübersehbar auf gegebene Zusammenhänge oder Strukturen in unserem verstehensrelevanten (semantisch relevanten) Wissen. In dieses Wissen geht ein gutes Stück dessen ein, was viele Linguisten „Weltwissen" oder „enzyklopädisches Wissen" nennen, und von dem „Sprachwissen" gerne strikt getrennt halten wollen. Gerade die Wortfelder sind jedoch – wie die Frame-Semantik gezeigt hat – ein gutes Beispiel dafür, dass bei der Analyse des verstehensrelevanten („semantischen") Wissens Sprachwissen und Weltwissen immer stark ineinandergreifen.

## 6.4 Kognitive Relationen und Strukturen (Frames, Skripts, semantische Netzwerke)

Als semantische Beziehungen im weiteren Sinne können auch solche Relationen aufgefasst werden, die eher zum Forschungsbereich der kognitiven Semantik gehören. Dazu zählt unter anderem die Analyse von semantischen Netzwerken (siehe das Beispiel nach Collins/ Loftus), insbesondere aber die Analyse von semantischen Frames und Frame-Strukturen nach Fillmore, Barsalou und anderen.

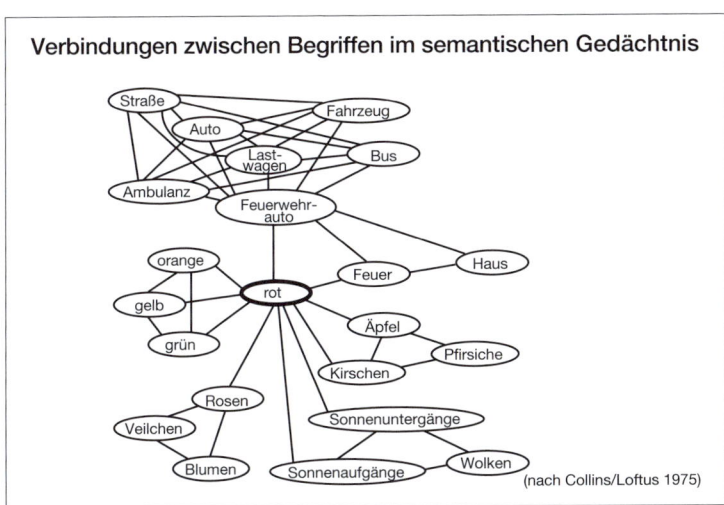

**Abb. 17:** Semantisches Netz

Während Modelle der semantischen Netzwerke meistens noch stark an Begriffshierarchien orientiert sind (und damit das problematische Erbe des Versuchs einer strikt logischen Definition solcher Relationen mit sich schleppen), schlägt die Frame-Semantik (etwa von Fillmore) eine Sichtweise auf semantische Beziehungen vor, die an Wissensstrukturen des Alltagswissens (oder „allgemeinen Weltwissens") orientiert ist, in denen sich Beziehungen zwischen Wörtern in Beziehungen zwischen Elementen von Wissensrahmen niederschlagen, die nicht notwendigerweise den Regeln logischer Striktheit und Folgerichtigkeit entsprechen müs-

Bedeutungs-
relationen sind
Wissensrelationen

sen. Siehe den „Kaufereignis"-Frame. Nach Fillmore liegt unserem Verstehen einzelner Wörter, die auf diesen Frame Bezug nehmen (wie *Käufer, Verkäufer, Ware, Preis, kaufen, verkaufen, bezahlen, liefern* usw.) ein übergeordnetes Wissen über typische Kauf-Szenen (etwa der *Brötchenkauf* oder der Kauf einer *Waschmaschine*) zugrunde. Alle Wörter beziehen sich danach auf ein und dieselbe Wissensgrundlage; aber sie nehmen die Ur-Szene aus verschiedenen Blickwinkeln in den Blick, d.h. sie stehen für eine von mehreren Perspektiven auf die Szene (drücken eine solche sprachlich aus). Z.B. nimmt *bezahlen* den Vorgang der Übergabe eines Gegenwerts für die erhaltene Ware in den Blick. Um das verstehen zu können, muss man aber wissen, dass für ein Geschäft wie *kaufen* oder *verkaufen* der Tausch einer Ware gegen einen Gegenwert zentral ist, und sich ein Kauf-Frame in genau diesem Punkt von z.B. einem *Schenken*-Frame unterscheidet. Das Spezifische von Frames ist es, dass sie einzelne Wörter in einem umfassenderen Wissenszusammenhang verorten, der die Gesamtheit des verstehensrelevanten Wissens repräsentiert (und davon nicht nur kleine Ausschnitte thematisiert, wie eine Bedeutungsbeschreibung nach der traditionellen Merkmalsemantik oder der Logischen Semantik) und in diesem den einzelnen Wörtern eine spezifische Funktion zuweisen, die sich nur auf dem Hintergrund der Kenntnis des gesamten Wissensrahmens erschließen lässt. Frame-Semantik ist daher nicht nur die bessere, weil den Strukturen unseres semantischen Wissens adäquatere Methode der Beschreibung von semantischen Beziehungen zwischen Wörtern unseres Wortschatzes, sondern sie streicht den wichtigen Aspekt der Kontextgebundenheit unseres wortsemantischen Wissens besonders heraus.

**Aufgaben**

1. Was versteht man unter „syntagmatischen" und was unter „paradigmatischen Beziehungen" der sprachlichen Zeichen?
2. Erläutern Sie die folgenden semantischen Relationen: Synonymie, Polysemie, Homonymie, Hyponymie, Hyperonymie, Antonymie.
3. Bestimmen Sie für folgende Gruppen von Wörtern den Typ der semantischen Relationen. Versuchen Sie dabei auch, die für die Relation einschlägigen semantischen Merkmale zu benennen.
   *schwer – leicht; süß – sauer; Pferd – Schimmel – Pony – Stute;*
   *leihen – verleihen; reden – schweigen;*
   *Frühling – Sommer – Herbst – Winter;*
   *hell – dunkel; Frauenärztin – Gynäkologin; Apotheker – Pharmazeut;*
   *Sprachwissenschaftler – Linguist; Germanistin – Linguistin;*
   *scharf – mild (z.B. bei Senf); vergessen – erinnern;*
   *ankommen – abreisen; erschlagen – sterben; schwarz – weiß*

**Vertiefung**   Semantische Relationen: Linke u.a. 2004, 160 ff., Cruse 1986, Kap. 4-10; Wortfelder: Kap. XIX (713 ff.) in Cruse u.a. 2002.

# 7. Von der Wortsemantik zur Satz-, Text- und Kontext-Semantik

## 7.0 Ziele und Warm Up

In diesem Kapitel werden wir:
Ziele
- Grundzüge einer Satzsemantik vorstellen.
- Auf die Beziehungen zwischen Wort- und Satzsemantik eingehen.
- Überlegungen zu einer „Kontextsemantik" skizzieren.

Was erfahren wir aus den Sätzen *Der Vater kocht die Kartoffeln – Die* Warm Up *Kartoffeln kochen – Vater kocht* über die Funktionen des Verbs *kochen*?

## 7.1 Komplexe Inhalte: Überschreitung der Wortsemantik

Die u.a. in der praktischen Semantik (angeregt durch die Gebrauchstheorie der Bedeutung und den Sprachspiel-Begriff Wittgensteins), aber z.B. auch in der Frame-Semantik hervorgehobene Tatsache, dass Sprache als Phänomen des Alltagslebens nicht in der Isoliertheit einzelner Wort-Einheiten vorkommt, sondern stets nur in gebundener „Rede", d.h. in situations- und kontextgebundenen Äußerungen, die in sich komplex und strukturiert sind, wird spätestens seit Entstehen der „Textlinguistik" in den 1970er Jahren auch von zahlreichen Vertretern der Semantik zugestanden (wenn auch nicht von allen). Dabei ist diese Einsicht, da sie so naheliegend ist, nicht gerade neu; nicht erst Wilhelm von Humboldt hat hervorgehoben: „Die wahre Sprache ist nur die in der Rede sich offenbarende." (Humboldt 1835, 485). W.v.Humboldt 1767-1835

Die Vereinseitigung des Blickwinkels der Semantik auf *Wortsemantik* konnte wissenschaftshistorisch auch deswegen so lange unangetastet bleiben, weil derjenige Teil der Sprachwissenschaft, der sich mit den komplexen, aus mehreren Wörtern bestehenden sprachlichen Einheiten beschäftigte – die Syntaxanalyse – lange Zeit freiwillig auf den Einbezug der Semantik verzichtet hat, ja, geradezu die Forderung vertreten hat, Semantik aus der Syntaxanalyse möglichst fernzuhalten; auch wenn dieser Verzicht häufig durch die Behauptung kaschiert wurde, die Analyse der Satzausdrucksstruktur (Syntax) würde diejenige der Satzinhalte quasi automatisch mit-erledigen. Deshalb sprachen Linguisten auch von der Semantik als der „armen Verwandten" der Syntax (Greimas, Hörmann). Dabei bedarf es keines großen gedanklichen Aufwandes, um zu erkennen, dass „das Verstehen der Satzbedeutung etwas anderes ist als das Verstehen aller Bedeutungen der einzelnen im Satz enthaltenen Wörter" (Hörmann 1976, 185). Um dies zu begreifen, muss nur (Lyons wies darauf hin) mit zwei (irreführenden) Auffassungen gebrochen werden, die den Status semantischer Modelle und Aussagen betreffen: Zum einen die unreflektierte Annahme, mit „Bedeutung" wäre überall da, wo man diesen Begriff anwendet, *dasselbe* gemeint (*Homogenitätsprämisse*); zum anderen die These, die Bedeutung komplexer und strukturierter sprachlicher Ausdrucksgebilde könnte als schlichte *Zusammensetzung* der Bedeutung der einzelnen Bestandteile aufgefasst werden (*Kompositionalitätsthese*).

---

**Kompositionalitätsthese der Satzsemantik (sog. Frege-Prinzip):**
Die Bedeutung eines Satzes (= seine Wahrheitsbedingungen) lässt sich aus den Bedeutungen seiner Teilausdrücke ermitteln.

---

Wie Peter von Polenz (1985, 49) betont hat, ist die Rede von der „Satzsemantik" ohnehin relativ jungen Datums: „Unter *Semantik* verstand man in der Sprachwissenschaft bis vor kurzem nur die Lehre von den Bedeutungen der Wörter und ihren Beziehungen im Wortschatz. Die Bedeutung von *Sätzen* versuchte man in der traditionellen Grammatik von den Teilbedeutungen der Satzbauformen [...] her zu erschließen."

Zum ersten Aspekt (*Homogenitätsprämisse*): Wenn man davon ausgeht, dass Sprache in actu immer nur in komplexen Äußerungen auftritt, dann wird die „Wortbedeutung" der lexikalischen Semantik zu einem durch die linguistische Beschreibung erzeugten *Konstrukt*. Es liegt nahe, dass dieses idealisierende linguistische Konstrukt einen anderen erkenntnistheoretischen Status hat als etwa eine Äußerungsbedeutung so, wie sie von den an der Kommunikation Beteiligten verstanden wird. Entsprechend dem modellhaften Konstrukt der *lexikalischen Bedeutung* (welches innerhalb der Lexikographie sinnvoll ist), wurde auch für die komplexeren Äußerungs-Einheiten eine idealisierte *Satzbedeutung* angenommen, die sich allein aus der nach syntaktischen Regeln vollzogenen Kombination der Elemente ergeben sollte.

Dabei wurde übersehen, dass „Sätze" ebenso wenig wie Wörter als isolierte Einheiten in der sprachlichen Realität vorkommen, sondern immer nur *eingebettet in Verständigungssituationen und Wissenskontexte*. D.h. der Fehler der klassischen lexikalischen Semantik, den Begriff der lexikalischen Bedeutung zum Modell für *Bedeutung* schlechthin zu machen, wurde in der Satzanalyse wiederholt. Wortübergreifende sprachliche Einheiten wurden aus ihren Vorkommens-Kontexten isoliert und ihnen sodann modellhaft eine „Abstrakt"-Bedeutung, d.h. eine sich angeblich rein aus dem „Sprachsystem" als solchem (unabhängig von irgendwelchen Kontexten oder Verwendungsabsichten) ergebende Bedeutung zugeschrieben. Dass dieser Standpunkt für die Zwecke der Satzsemantik unzureichend ist, wurde immer da deutlich, wo nicht solche Beispielsätze zum Ausgangspunkt der Analyse genommen wurden, die von den Linguisten hypothetisch konstruiert wurden (die sog. „Lehnstuhl-Semantik"), sondern solche Sätze, wie sie in der sprachlichen Realität tatsächlich geäußert

*Notwendigkeit einer Satzsemantik*

worden sind. Im Zuge der Analyse faktischer Sprachvorkommen wurde auch deutlich, dass das Modell der Kompositionalität (Satzbedeutung als „Zusammensetzung" der Bedeutung der einzelnen Wörter plus syntaktischer Regeln), der wahren Funktionsweise von sprachgebundener Kommunikation nicht (oder nur teilweise) gerecht wird. Dabei soll gar nicht bestritten werden, dass die Komposition von Worteinheiten auch etwas zum Zustandekommen der Satzbedeutung beiträgt. Aber darüber hinaus gibt es zahlreiche Elemente, die zum Verständigungsprozess beitragen, welche nicht durch das Modell „lexikalische Wortbedeutungen + syntaktische Regeln" allein erklärt werden können.

Den Abschied von einer wort-isolierenden Betrachtungsweise der Semantik leiteten Überlegungen der Begründer der späteren *Textlinguistik* ein, die als erste erkannten, dass die Bedeutung von Wörtern durch ihre textuellen Einbettungen wesentlich mit bestimmt wird. So erkannte bereits Ende der 1960er Jahre (also auf dem Höhepunkt der wort-isolierenden strukturalistischen Semantik) Peter Hartmann, dass in der Sprachtheorie und Linguistik oft fälschlich den einzelnen Zeichen solche Funktionen zugeordnet wurden, die eigentlich nicht Funktionen eines Wortes, sondern Funktionen eines Textes sind, in denen das Wort vorkommt. (Hartmann 1968a, 208):

*Textlinguistik als Anstoß*

> „Es ist also vermutlich überhaupt unzulässig, sich mit einem einzelnen Wort abzugeben und zu fragen, was es als einzelnes Wort für einen etwa bedeute, leiste oder ähnlich."

Er schloss: „Sprachzeichen können nur textuell gebunden vorkommen, können so auch nur als gebundene Sinn und Erfolg haben", woraus folgt, dass die Funktion (und „Bedeutung") eines Zeichens nur nach seiner Funktion im Text, d.h. „nach seiner Teilhabe an der Gesamtwirkung des Textes" bestimmt werden kann (1968a, 211 f.).

Eine Semantik der konkreten Sprachphänomene muss also die Wechselwirkung zwischen dem, was man „Lexembedeutung" (Bedeutung eines Wortes als abstrakte Einheit des Wortschatzes, also ohne Betrachtung der Verwendungskontexte in Sätzen, Texten, Äußerungssituationen) nennt, und der Satzbedeutung untersuchen. Wie Lyons (1983, 131) hervorhob, ist diese Wechselbeziehung zweiseitig: einerseits trägt die „Lexembedeutung" unzweifelhaft etwas zur „Satzbedeutung" bei; andererseits kann die konkrete Wortbedeutung erst dann bestimmt werden, wenn die Satzbedeutung schon bekannt ist.

Wichtig ist für die linguistische Begrifflichkeit im Umgang mit den verschiedenen Ebenen sprachlicher „Bedeutung" (bzw. der Facetten, welche der schillernde Begriff „Bedeutung" je nach praktischen Beschreibungszielen und -gegenständen hat) die Wahl der Perspektive auf die Sprache. Es spricht wenig dafür, dass alle denkbaren Blickrichtungen auf das Problem „Bedeutung" unter einer einheitlichen semantischen Theorie zusammengefasst werden könnten. Zunächst haben wir nur die *Wort*semantik näher betrachtet. Wie wir dabei gesehen haben, löst diese (als „lexikalische" Semantik) zu Zwecken der Wörterbuch-Arbeit *„lexikalische* Bedeutungen" als abstrakte Zusammenfassungen von einigen Hauptaspekten der Verwendungsmöglichkeiten eines Wortes aus der Vielfalt des tatsächlichen Vorkommens heraus. Systematisch gesehen setzt die Beschreibung der Wortbedeutungen aber die Kenntnis der Satzbedeutungen und Textbedeutungen, d.h. das Verstehen der „integrierten Komplexe" sprachlicher Zeichen, in denen Wörter stets nur vorkommen, voraus. Wählt man eine kommunikative Perspektive, könnte man statt von *Satz-* bzw. *Text*semantik auch von *Äußerungs*semantik reden; wählt man eine epistemologische oder psychologische Perspektive, könnte man auch von *Kontext*semantik reden (Ausdruck nach von Polenz 1985, 52).

Aspekte der verschiedenen Arten von Kontexten sind u.a. auch in Wittgensteins „Sprachspiel"-Begriff (Wittgenstein 1971, §§ 7, 23, 290 u.ö.), oder dem bei S. J. Schmidt vom Philosophen Schapp entlehnten Begriff der „Geschichten" (Schmidt 1971, 34 ff. und Schmidt 1976) als Vorkommenskontexten von Sprach-Äußerungen angesprochen.

In der Textsemantik wird eine *aszendente* und eine *deszendente* Blick- und Forschungsrichtung unterschieden.

**Zwei Untersuchungsrichtungen der Satz- und Text-Semantik:**
*Aszendente (aufsteigende) Richtung*: Bedeutung wird Zeichen um Zeichen additiv aufgebaut (= Kompositionalitätsprinzip)
*Deszendente (absteigende) Richtung*: Die Bedeutung von Teil-Einheiten (z.B. Wörtern) kann teilweise nur aus dem umgebenden Ko-Text (Satz und Text) bzw. Kontext erschlossen werden.

Im konkreten Textverstehen wirken nach neueren psycholinguistischen Erkenntnissen immer beide Richtungen zusammen.

*Aszendent*, d.h. aufsteigend vom Morphem über das Wort zum Satz und zum Text ist die strukturalistische Linguistik verfahren; ihr wird deshalb gelegentlich auch vorgeworfen, dass sie lediglich die Reihe der linguistischen Untersuchungsobjekte (Phoneme, Morpheme, Wörter, Sätze) nach oben um die Einheit *Text* erweitert habe, ohne an ihren teilweise irrigen Grundannahmen (Überbewertung der Kompositionalitätsthese) etwas geändert zu haben (so Brinker 1985, 14).

Den Gegen-Standpunkt, eine *deszendente* Perspektive, vertritt die pragmatisch orientierte Linguistik, welche Sprache vom kommunikativen Aspekt her, d.h. von der Funktion komplexer sprachlicher Äußerungen in Verständigungsprozessen untersucht. Diese Äußerungs-Semantik (oder Semantik sprachlicher Handlungen) bedarf aber zur Konkretisierung ihrer Forschungsmethoden einer Ergänzung durch Ergebnisse der aszendent verfahrenden Linguistik. So setzt etwa in der Satzsemantik eine Analyse der semantischen Struktur ein Verstehen des ganzen Satzes voraus, entfaltet ihre analytische Kraft aber erst, wenn auch die Rolle der einzelnen Satzbestandteile je für sich semantisch (und nicht lediglich syntaktisch) geklärt wird.

Indem der Satz den unmittelbaren Kontext für ein einzelnes Wort abgibt, verfährt die Satzsemantik aszendent; indem sie aber die Satzbedeutung einbettet in Gesichtspunkte, die aus der linguistischen Pragmatik gewonnen werden (etwa Sprechakt-Bedeutung eines Satzes) verfährt sie deszendent. (Zur Einteilung in *aszendent* und *deszendent* verfahrende Forschungsprogramme in der Satz-Semantik vgl. von Polenz 1985, 49 ff. und in der Textlinguistik vgl. Agricola/ Viehweger 1983, 215 ff.)

## 7.2 Satzbedeutung: Konstitution von Aussageinhalten

Die Analyse komplexer sprachlicher Ausdrucks- bzw. Äußerungseinheiten und ihrer internen Struktur hat in Form der Satzgrammatik eine lange Tradition. Nur selten wird deutlich, dass die Grundbegriffe der Satzgrammatik seit der lateinischen Schulgrammatik des frühen Mittelalters im Kern nahezu unverändert geblieben sind. Wenn komplexe sprachliche Gebilde oberhalb der Wortebene untersucht wurden, dann erstreckte sich diese Analyse auf die Grammatik von *Sätzen*, die bis zum Entstehen der modernen Textlinguistik als größte sprachwissenschaftlich relevante Untersuchungsobjekte angesehen wurden. Diese Beschränkung hat ihren guten Grund darin, dass der Satz die kleinste sprachliche Einheit darstellt, die „Aussagen" ausdrückt. Diese „Satzaussage" wurde seit der Antike als Aussage über einen „Gegenstand" und damit als zweiteilige Struktur aus „Subjekt" und „Prädikat" aufgefasst. (Vgl. dazu von Polenz 1985, 52)

*Satzaussage/ Proposition*

Der Aussagegehalt eines Satzes wurde bei Plato in *onoma* (der Gegenstand) und *rhema* (die Aussage), bei Aristoteles in *hypokeimenon* (das Zugrundeliegende, Vorhandene) und *kategorou-menon* (das Ausgesagte) und bei Boethius in *subiectum* (das Zugrundeliegende, der Gegenstand) und *praedicatum* (das Ausgesagte, die Aussage) aufgeteilt.

Es handelt sich also bei dieser Grundstruktur um eine ursprünglich *logische* Zweiteilung, die allerdings teils logisch, teils syntaktisch, teils semantisch interpretiert wurde. Ausgehend von der Erkenntnis, dass Satz*inhalts*strukturen nicht deckungsgleich sind mit Satz*ausdrucks*strukturen möchte Peter von Polenz, der die Satzsemantik entscheidend vorangebracht hat, die *Prädikation* als Grundeinheit der Analyse der Satzbedeutung behandeln (von Polenz 1985, 65 u.ö.).

Für eine auf der Prädikatenlogik aufbauende Satzsemantik besteht der Kern eines Satzinhaltes (der heute auch als *Proposition* bezeichnet wird) aus einem „Prädikat" und einem oder mehreren „Argumenten". So besteht etwa die Prädikation/ Proposition des Satzes *Der Angeklagte schlug das Opfer* aus dem Prädikator *schlagen* und den zwei Argumenten *der Angeklagte, das Opfer;* das Verb *schlagen* wäre demnach in diesem Kontext ein *zweistelliges* Prädikat, weil es mit zwei Argumenten verbunden wurde (dargestellt in der Notationsform: „*P [a, b]*";

*Prädikat-Argument -Strukturen*

zu lesen als *„P* [Prädikat] *wird ausgesagt von a und b";* konkret: *„schlagen [der Angeklagte, das Opfer]").* Ein Prädikat ist demnach ein Ausdruck, der eine Eigenschaft eines Gegenstandes oder eine Relation zwischen zwei oder mehr Gegenständen identifiziert. Als „Argumente" werden dabei die Gegenstände bezeichnet, hinsichtlich derer ein Prädikat etwas prädiziert.

Die Argumente des Prädikats drücken sprechhandlungstheoretisch gesehen Elemente des Satzes aus, mit denen wir auf bestimmte Gegenstände Bezug nehmen (Dinge, Personen, Lebewesen, Sachverhalte, Ereignisse, Gedanken usw., also alles, auf das man in der Sprache Bezug nehmen kann). Diese Teilhandlung, der ein Bedeutungs-Teil jedes Satzes entspricht, nennt man auch *Referenz* (oder Bezugnahme).

---

**Grundelemente von Satzbedeutungen:**
(a) Referenz:     = Bezugnahme auf Personen, Dinge, Handlungen, Sachverhalte usw.
(b) Prädikation:   = Zuschreibungen von Eigenschaften zu Personen, Dingen usw.

---

Im vorliegenden Beispiel drückt die Prädikation eine „Beziehung zwischen Gegenständen" aus; eine Eigenschafts-Prädikation enthielte etwa der Satz *Die Blume ist blau,* notiert als *P [a],* d.h. *„ist Blau [Blume]".* Die prädikatenlogische Redeweise von den *Argumenten* eines Prädikates erlaubt es, semantisch für einen konkreten Prädikatsausdruck zu beschreiben, mit wie vielen *Stellen* (Argumenten) er sowohl prinzipiell (nach seiner „lexikalischen Bedeutung") verknüpft werden kann als auch konkret in einem Text verknüpft ist. So ist etwa das Prädikat *schlagen,* welches im Beispiel *zwei*stellig verwendet wurde *(der Angeklagte, das Opfer),* auch als *drei*stelliges Prädikat denkbar: *Der Angeklagte schlug das Opfer mit einer Eisenstange;* notiert als *P [a,b,c]* oder *„schlagen [der Angeklagte, das Opfer, mit einer Eisenstange]".*

Die prädikatenlogische Redeweise von den „Argumentstellen" eines Prädikates inspirierte vermutlich den Syntaxtheoretiker Lucien *Valenz/* Tesnière dazu, das *Verb* in den Mittelpunkt der Satzglieder-Struktur *Argumentstruktur* zu stellen und vom Verb ausgehend die an dieses anschließbaren Satzglieder in ihrer Funktion für die Satzaussage zu charakterisieren. Entsprechend der Stellenzahl eines Prädikats in der Aussagenlogik beschrieb er die Stellenzahl von Verben mit dem Begriff *Valenz* (Wertigkeit). Ein Verb (als Kern einer Satzstruktur) kann danach ein-, zwei-, drei- oder mehrwertig sein, je nachdem wie viele syntaktische Anschlüsse es erlaubt. Von Polenz (1985, 61) schlägt deshalb als methodische Grundlage der Satzanalyse eine Kombination aus der Valenzgrammatik mit einer logikfundierten Satzsemantik vor. Die Bestimmung der Valenz eines Verbs kann nicht aus der „lexikalischen Bedeutung" allein abgeleitet werden; vielmehr ist seit Entstehen der Valenzgrammatik umgekehrt deutlich geworden, dass semantische Ambiguitäten von Verben häufig auf Unterschieden in der Anschließbarkeit von Satzgliedern (valenzgrammatisch: Aktanten; prädikatenlogisch: Argumenten) beruhen. (So kann z.B. das Verb *kochen* sowohl ein- als auch zweiwertig verwendet werden: *Der Vater kocht die Kartoffeln*; *Die Kartoffeln kochen*; die Ambiguität zwischen *Vater kocht"* und *Die Kartoffeln kochen* kann dadurch aufgelöst werden, dass in der einstelligen Bedeutungsvariante des Verbs *kochen* die einzige Argumentstelle einmal mit einem handelnden Subjekt, das andere mal mit einem behandelten Objekt ausgefüllt werden kann.)

Die Funktion einer am Gedanken der Valenz (Stellenzahl) des als Satzzentrum und Prädikatsausdruck fungierenden Verbs orientierten satzsemantischen Analyse kann gut an mehrdeutigen Sätzen verdeutlicht werden. Der an unseren Autobahnen auf Plakatwänden früher einmal zu lesende bewusst mehrdeutige Satz *Sie fahren mit Abstand am besten* lässt sich semantisch in mindestens zweierlei Weise aufschlüsseln: Der Bedeutungsvariante *Sie fahren am besten, wenn Sie Abstand halten* liegt eine dreistellige Prädikationsstruktur zugrunde, nämlich „*x fährt y in der Art z*"; der Variante *Sie fahren weitaus am besten* entspricht aber nur eine zweistellige Prädikationsstruktur „*x fährt y*". Syntaktisch ist dieser Unterschied dadurch ausgedrückt, dass sich *mit Abstand* bei der ersten Variante auf *fahren* bezieht, während es sich bei der zweiten Variante auf *am besten* bezieht (vgl. die weitaus subtilere Analyse bei von Polenz 1985, 61 ff).

Der wesentliche Gewinn einer solchen Analyse liegt in ihrer Eignung für tiefensemantische Analysen. Eine satzsemantische Analyse, die sich der prädikatenlogischen Beschreibungsform nach „Prädikaten" und „Argumentstellen" bedient, muss bei möglichst expliziten *Paraphrasen* des Satzinhaltes an setzen. Für die erste Bedeutungsvariante des Beispielsatzes wäre eine mögliche Paraphrase: „*Wenn Sie Ihr Fahrzeug so fahren, dass Sie von dem Ihnen vorausfahrenden Fahrzeug den Sicherheitsabstand einhalten, dann fahren Sie Ihr Fahrzeug verkehrsrechtlich am besten.*" (von Polenz 1985, 65. Die Paraphrase für die zweite Variante lautet: „*Die Art wie Sie Ihr Fahrzeug fahren ist die beste von den Arten, wie alle ihr Fahrzeug fahren, und zwar gilt dies mit großem Abstand von allen anderen.*") Diese Paraphrase enthält nun nicht mehr, wie die *rein syntaktische* Satz-*Ausdrucks*-Analyse vermuten ließ, lediglich *eine* Prädikation, sondern insgesamt *drei* Prädikationen, nämlich *Fahrzeug fahren*, *Sicherheitsabstand einhalten* und *damit am besten fahren*. Eine satzsemantische Tiefenanalyse ermöglicht es also, Prädikationsstrukturen, und damit sowohl Arten als auch Anzahl der im Satz gemeinten, aber nicht explizit ausgedrückten Bezugsstellen, abweichend von der mehrdeutigen Oberflächenanalyse explizit zu machen.

Versteckte Argumente und Prädikationen

Dass eine solche satzsemantische Analyse sich von einer bloß syntaktischen (also auf den Satz*ausdruck* bezogenen) Analyse unterscheidet, zeigt sich daran, dass die Zahl von *syntaktischen* „Ergänzungen" („Aktanten" der Valenzgrammatik) häufig von der Zahl der *semantischen* Bezugsstellen abweicht (von Polenz 1985, 104). Eine wesentliche Erweiterung der satzsemantischen Analyse durch die von von Polenz vorgeschlagene Methode ergibt sich dadurch, dass sie ermöglicht, *versteckte Prädikationen* (also versteckte Aussagen) auch dort aufzusuchen, wo sie nicht (wie in der traditionellen Grammatik fälschlicherweise angenommen) nur durch Verben ausgedrückt werden. So wird in seinen Beispielanalysen deutlich, dass Prädikationen nicht nur durch Verben, sondern auch durch Substantive und Adjektive ausgedrückt werden können. So steckt z.B. in dem Satz *Die Würde des Menschen ist unantastbar* die Prädikation nicht im Verb *ist* (das hier als reines Funktions- bzw. Nominalverb nur noch zur Aufrechterhaltung der syntaktischen Funktion dient) sondern in *unantastbar* (das syntaktisch gesehen lediglich ein Adjektiv-Attribut zum Substantiv *Würde* ist). Liest man diesen Satz auf die in ihm implizit ausgedrückten Bezugsstellen hin, so kann das Adjektiv *unantastbar* aufgelöst werden in eine verbale Formulierung *darf nicht angetastet werden;* das Verb *antasten* ist aber zweistellig: *jemand tastet etwas/ jemanden an.* In der Grundgesetz-Formulierung ist aber die erste Bezugsstelle (des Handelnden, der *antastet*) nicht ausgedrückt. Ähnlich finden sich in Substantiven (die syntaktisch als Ergänzungen zum Prädikat fungieren) versteckte Prädikationen; so kann z.B. in der Formulierung „...*ist Verpflichtung aller staatlichen Gewalt"* das Substantiv *Verpflichtung* verbal aufgelöst werden in die dreistellige Prädikation *jemand verpflichtet jemanden zu etwas,* von deren Bezugsstellen nur zwei im Satz explizit ausgedrückt sind.

---

Zur *prädikativen* Funktion von Adjektiven und Substantiven vgl. von Polenz 1985, 107. Als *verdeckte Prädikationen* (d.h. Aussagen) können auch Zuordnungen von Bezugsgegenständen zu Klassennamen fungieren; so steckt z.B. in der Bezeichnung *Baader-Meinhof-Bande* (im Gegensatz zu *-Gruppe*) eine versteckte Behauptung *(xy sind eine Bande).* Dadurch, dass diese Behauptung syntaktisch in der Wahl der Benennung versteckt ist, ist weder ihr Behauptungs-Charakter offensichtlich, noch sind Rechtfertigungsgründe für die Behauptung genannt.

Vgl. zu diesem „prädizierenden Bezugnehmen", „wo in hintergründiger Weise zugleich mit dem *Bezugnehmen,* dem *Identifizieren* bzw. *Klassifizieren* auch noch etwas *prädiziert* wird, was nicht nur als Referenzhilfe dient, sondern dem Hörer/Leser etwas Neues über das Bezugsobjekt aussagt, was nicht zum vorausgesetzten gemeinsamen Vorwissen gehört", von Polenz 1985, 129.

Von Polenz weist zu Recht darauf hin, dass die Mitbehauptung von versteckten Prädikationen den/die Sprecher/Schreiber von Begründungen für diese Behauptung entlastet.

---

Im Gegensatz zu der traditionellen Auffassung, dass der Aussagekern einer Prädikation im Akt des Prädizierens liege, während das Bezugnehmen nur den Verweis auf eine vorgefundene Wirklichkeit beinhalte, geht eine Satzsemantik nach von Polenz davon aus, dass auch das Bezugnehmen eine *Handlung* von Sprechern/ Schreibern ist, die nicht nur auf vorfindliche Bezugsgegenstände verweist, sondern diese für den Zweck der Kommunikation einführt bzw. „konstituiert"; Referenz ist also eine gegenstandskonstitutive Handlung.

> „Immer wenn man eine Prädikation/Aussage macht, muss es etwas geben, worüber man das Prädikat aussagt. Dieses Etwas ist aber nicht von vornherein in der außersprachlichen Wirklichkeit gegeben; es muss vom Sprecher/Verfasser im Zusammenhang mit seiner Aussage satzsemantisch konstituiert werden, ist Objekt einer Teilhandlung des Satzinhalts." Von Polenz 1985, 116, vgl. auch 118.

Häufig wichtig für die Satzsemantik sind mitgemeinte Bezugsobjekte:

> „Sprecher/Verfasser *nehmen Bezug* mit einem Bezugsausdruck (Wort, Wortgruppe, Satzglied) auf ein Bezugsobjekt (oder mehrere), bzw. Hörer/Leser *beziehen* beim Verstehen einer Äußerung die geäußerten Bezugsausdrücke auf die vom Sprecher/ Verfasser gemeinten Bezugsobjekte und erschließen ggf. die vom Sprecher/ Verfasser mitgemeinten oder außerdem noch mitzuverstehenden Bezugsobjekte." Von Polenz 1985, 118.

Gerade für die Bezugnahme auf verdeckte, nicht explizit ausgedrückte Bezugsstellen spielt das *Wissen* der Sprachbenutzer oft die entscheidende Rolle. Wie stark mitgemeinte Bezugsstellen in komprimierten Formulierungen wissensabhängig (weil unausgedrückt) sind, macht wieder eine äußerst subtile satzsemantische Analyse deutlich, die von Polenz (1985, 242 ff.) am Artikel 5.3 des Grundgesetzes vornimmt: *„Kunst und Wissenschaft, Forschung und Lehre sind frei. Die Freiheit der Lehre entbindet nicht von der Treue zur Verfassung."*

> Löst man die äußerst komprimierte Formulierung in ihre satzsemantisch mitgegebenen Prädikationen und die davon abhängigen Bezugsstellen auf, kommt man etwa zu folgenden Prädikationen (die Auflösung ist selbstverständlich auf einer *Paraphrase* basiert und damit *interpretationsabhängig*, es soll nur deutlich gemacht werden, welche semantischen Möglichkeiten in dieser Formulierung sprachlich gegeben sind):
> „- Viele[1] sind frei/haben die Freiheit[P1], dass sie etwas tun[P2].
> – Viele[1a] ausüben/fördern/präsentieren[P2a] eine Kunst[2].
> – Viele[1b] treiben/fördern/publizieren[P2a] eine Wissenschaft[3].
> – Viele[1c] forschen[P2c] über etwas[4].
> – Viele[1d] lehren[P2d] viele[5] etwas[6].
> – Einige[7] garantieren[P3] dies[P1+2a-d] vielen[1a-d].
> – Einige[7] entbinden[P4] viele[1d] nicht von etwas[P5].
> – Viele[1d] sind verpflichtet[P5] dass sie[1d] der Verfassung[8] treu sind[P6]."

Normalerweise hätte man beim Verb *entbinden* von einer syntaktischen Valenz mit einer Erststelle (traditionell: Satzsubjekt) auszugehen, die durch eine *Person* besetzt ist, etwa: *jemand entbindet jemanden von der Pflicht, etwas zu tun.* Es ist deshalb ein uneigentlicher Gebrauch dieses Verbs, wenn man in der Erststelle, wie hier, etwas anderes antrifft als eine Person (nämlich *die Freiheit der Lehre*). Statt der syntaktisch ausgedrückten *zwei* ergibt die satzsemantische Analyse also *neun* Prädikationen, statt der ausgedrückten *sechs* ergeben sich mindestens *zwölf* Bezugsstellen. Die Nominalisierungen *Kunst,*

*Wissenschaft, Forschung, Lehre* erweisen sich also selbst als komplexe Prädikationen. Dies zeigt, dass Substantive alles andere als bloße „Namen" sind, sondern als Gattungsbezeichnungen selbst ein Prädizieren und damit ein verdecktes Bezugnehmen enthalten.

Beispiele wie der analysierte Grundgesetz-Artikel zeigen, dass zum semantischen Wissen, das mit einer vollständigen (satzwertigen) Äußerung aktiviert wird, sehr viel mehr Aspekte gehören, als häufig in Wörterbüchern verzeichnet sind. Semantisches Wissen z.B. von *Lehre* impliziert ein Wissen davon, was *lehren* in der Lebenswelt für ein Vorgang ist (dass mindestens zwei Bezugspersonen und ein Lehrgegenstand dazugehören); Sprachwissen und Weltwissen fließen also ineinander über. Die Verwendung eines Wortes wie *Lehre, lehren* aktiviert bei den Textrezipienten einen semantisch-epistemischen *Bezugsrahmen*, der über das eingebrachte Weltwissen gegeben ist. Dieser Bezugsrahmen (etwa die Dreistelligkeit von *lehren*, bei denen die 1. und 2. Bezugsstelle nur durch Personen ausgefüllt werden können) hängt von der semantischen Art des jeweiligen Prädikats bzw. Prädikatsausdrucks ab. Es ist immer eine mehr oder weniger willkürliche Entscheidung, welche Bestandteile solcher semantischer Netze man zum „*Sprach*wissen" (bzw. zur „Wortbedeutung") zählen will, und welche zum „*Welt*wissen". Solche „Teilkomplexe des allgemeinen Bezugswissens" sind in Fillmores „scenes-and-frames-semantics" erstmals behandelt worden (Fillmore 1977, 73 u.ö.); sie stellen „grammatikalisch-lexikalische Regularitäten" dar (von Polenz 1985, 158), werden als diese Realitäten in der derzeitigen linguistischen Semantik allerdings immer noch viel zu wenig beachtet. Wie viele Bezugsstellen eines solchen abstrakten, über das Sprachwissen gegebenen Bezugsrahmens in einer konkreten Äußerung realisiert werden (müssen), hängt vom Kontext ab: „Über einen kontextspezifischen Aussage- und Bezugsrahmen wird dann der vorausgesetzte Wissensrahmen im sprachlichen Ausdruck auf eine meist viel kleinere Zahl syntaktischer Ergänzungen und Angaben reduziert." (von Polenz 1985, 159) Vgl. auch Lutzeier 1985 bezüglich des sprachlichen Ausdrückens von Sachverhalten: „Reden und Schreiben zwingt uns zu einer Auswahl." (156) „Mit der Versprachlichung werden jeweils nur Teile oder Ausschnitte übertragen." (157) „Ein Sprecher/ Schreiber kann ein Geschehen als ganzes unmöglich versprachlichen." (160)

Die satzsemantische Analyse, wie von Polenz sie vorführt, zeigt also auch für die Untersuchungsebene der komplexen sprachlichen Ausdrücke (Zeichenketten wie *Sätze* und *Texte*), dass nur ein Minimum der verstehensrelevanten semantischen Aspekte in der Ausdrucksstruktur eines Satzes explizit ausgedrückt ist. Das Problem der *Kontextgebundenheit*, das wir bei der Würdigung der Wortsemantik kennengelernt hatten, ergibt sich also auch auf der Ebene der Satzbedeutung. Selbst die elementare Aussageeinheit „Satz", die, da sich in ihr die elementaren Sprachhandlungen des Prädizierens und des

*Satzsemantik und Frames*

Bezugnehmens manifestieren, als die basale Äußerungseinheit überhaupt angesehen wird (da „Text" meist als eine Kombination solcher
„Sätze" definiert ist), ist selbst wieder abhängig von ko-präsenten *si-
tuationalen*, ausgedrückten *sprachlichen* oder *Wissens*-Kontexten.

Damit bekommt die Frage nach einer näheren Charakterisierung
des sprachrelevanten Wissens, welches als Einbettungsrahmen
sprachliches Äußerungshandeln wie Sprachrezeption erst möglich
macht, eine verstärkte Relevanz; zugleich wird die Frage nach verschiedenen Typen von Wissen, d.h. danach, welche Arten von Wissen
unterschieden werden können (v.a. ob eine strikte Unterscheidung
zwischen „Sprach-" und „Welt-"Wissen möglich ist) zentral. Gleich-
gültig, ob man das satzsemantisch zentrale Wissen über Bezugsrahmen nun als „sprachlich" oder „außersprachlich" einstuft, wird deutlich, dass das mit ihnen gegebene Wissen weit über das hinausgeht,
was traditionellerweise in Wörterbuch-Artikeln verzeichnet ist und
zur „lexikalischen Bedeutung" gezählt wurde. Auch Bedeutungsdefinitionen in Wörterbüchern setzen nämlich das meiste, was in einem
Bezugsrahmen relevant wird, implizit voraus, oder teilen es indirekt
über die mitgelieferten Verwendungsbeispiele der Wörter mit.

Zur Präzisierung der satzsemantischen Analyse wird dann noch
eine Klassifizierung der Bezugsstellen von Prädikaten nach *semantischen Rollen* vorgenommen (etwa die Rollen „Handelnder" und „Be-
troffener" im genannten Beispiel). Fillmore hatte diese semantischen
Rollen zunächst als *„Tiefenkasus"* bezeichnet (Fillmore 1977, 30 ff.,
34), betrachtet sie heute, in seinem Frame-Modell der Bedeutung,
aber als *Frame-Elemente. Bezugsrahmen*, so viel sollte deutlich geworden sein, stellen Formen der sprachlich gebundenen Aktivierung von
Wissen dar, die nicht als abstrakte Leistungen des „Sprachsystems"
bzw. der „Wörter an sich" (oder gar der „Sätze an sich") aufgefasst
werden können, sondern die gebunden sind an situative, textuelle
und epistemische Kontexte. Damit rückt die Rolle der „Kontexte" für
die semantische Analyse (und Interpretation) sprachlicher Äußerungen ins Zentrum der Betrachtung. „Semantik" müsste sich dem-
entsprechend weiterentwickeln zu einer Art „linguistischer Epistemologie", d.h. einer linguistisch geleiteten und reflektierten Analyse
desjenigen, was man das „verstehensrelevante Wissen" nennen
könnte. (Vgl. zu letzterem Aspekt v.a. Busse 2008, 73 ff.)

*Semant. Rollen/
Frame-Elemente*

## 7.3 Anmerkungen zur „Textsemantik"

Auf dem Höhepunkt der erstmaligen Entwicklung der modernen
Textlinguistik (in den 1970er Jahren) wurde auch der Begriff „Textsemantik" geprägt, eine eigene Sparte „Textsemantik" innerhalb der
linguistischen Semantik konnte sich indes nie etablieren (wohinge-
gen von einer *Satzsemantik* durchaus mittlerweile häufig geredet
wird). Dies hat verschiedene Gründe. Der eine ist, dass die linguisti-

sche Analyse von Textbedeutungen und dem Beitrag, den einzelne Textelemente (Sätze, Satzteile, Wörter) dazu leisten, eng mit der Analyse von Textstrukturen (sog. Kohärenz-Strukturen) verflochten ist. Das für eine solche Analyse notwendige Wissen (samt den dazugehörigen Begriffen, Theorien, Methoden) ist aber derart umfassend und komplex, dass es den Rahmen einer Einführung in die Semantik eindeutig sprengen würde (und dort auch üblicherweise nicht behandelt wird). Es bleibt daher im Rahmen dieser Einführung keine andere Möglichkeit, interessierte Leserinnen und Leser auf die Einführungs-Literatur zur Textlinguistik zu verweisen. Der andere Grund ist, dass das Thema „Textbedeutung" eng mit der Erforschung der Prozesse des Text*verstehens* (und der Text*interpretation*) verflochten ist. Die Text- und Sprachverstehensforschung ist aber wiederum ein eigenständiger Bereich der Forschung, der zudem stärker von Sprach*psychologen* als von Linguisten beackert worden ist. (Ausnahmen sind etwa die sehr interessante Textverstehenstheorie des Frame-Semantikers Fillmore 1984, oder die Textverstehenstheorien von Linguisten wie S. J. Schmidt 1976 oder Maximilian Scherner 1984. – Statt des an dieser Stelle aus Platzgründen fehlenden Kapitels seien Interessenten auf eine entsprechende Einführung des Verfassers in die Theorie des Textverstehens und der Textinterpretation (Busse 1991) hingewiesen.

### 7.4 Tendenzen einer „Kontextsemantik"

Zu Beginn des Entstehens der modernen Linguistik an der Wende vom 19. zum 20. Jahrhundert, wie auch auf dem ersten Höhepunkt der theoretischen Durchdringung durch moderne linguistische Theorien (Strukturalismus und logische Semantik) in den 1960er Jahren war linguistische Semantik nahezu ausschließlich *Wort*semantik bzw. *lexikalische* Semantik. Erst allmählich kamen *satz*semantische und *text*semantische Perspektiven und Konzeptionen hinzu. Man kann den Schritt von der Wortsemantik zur Satzsemantik, ebenso wie den Schritt von der Satzsemantik zur Textsemantik als Erweiterung der semantischen Perspektive, die zunächst auf die sprachlichen Einheiten der jeweils betrachteten Ebene (Wort bzw. Satz) begrenzt war, um die *Kontexte* auffassen, in die die Einheiten dieser Ebene jeweils eingebettet sind (Sätze bzw. Texte). Man kann diese Verschiebung der Perspektive, die zugleich eine Erweiterung des semantischen Blickwinkels ist, daher als zunehmende *Kontextualisierung* der jeweiligen sprachlichen Einheiten (Wörter, Sätze, Texte) betrachten.

Kontext/ Ko-Text

 Der Begriff *Kontext* ist in der Linguistik nicht ganz eindeutig. Zunächst meinen viele damit einfach die sprachliche Umgebung, in die ein sprachliches Zeichen (oder eine Folge von sprachlichen Zeichen) eingebettet ist. Da der Begriff umgangssprachlich oft jedoch auch zur Bezeichnung eines weiteren, gedanklichen Zusammenhangs, in dem ein Wort oder Satz steht, verwendet wird, wurde eine terminologische Differenzierung zwischen *Ko-Text* (= rein sprachliche Umgebung eines Wortes oder Satzes oder Textabschnitts) und *Kontext* im weiteren Sinne (= gedanklicher, epistemischer Zusammenhang, in dem ein Wort, Satz, Textabschnitt oder Text steht) eingeführt. In manchen linguistischen Arbeiten wird zusätzlich zwischen *Kontext* und *Situation* unterschieden. Der „Kontext" wäre danach eher ein gedanklicher (bzw. epistemischer) Kontext, d.h. das Wissen, in das ein Wort oder Satz eingebettet werden muss, damit man es/ ihn angemessen verstehen kann. Die „Situation" würde eher die „äußeren" Aspekte eines kommunikativen Ereignisses betreffen, also etwa solche Aspekte, wie sie für die Deixis wichtig sind (Gegebenheiten am Ort, Zeit, anwesende Personen, Geräusche, Gerüche, ablaufende Geschehnisse usw.). Situation

Eine erste Unterscheidung könnte daher die in „äußere" und „innere" Faktoren („Kontexte") der Kommunikationssituation sein; so werden etwa die sinnlich wahrnehmbare Außenwelt der Kommunizierenden, der vorausgegangene Text etwa eines schriftlichen Sprachzeugnisses und ähnliches häufig als „materielle" Kontextfaktoren des Sprachverstehens konzipiert. Es dürfte aber deutlich sein, dass die „inneren" (also kognitiv-epistemisch gegebenen) Kontext-Faktoren für das Sprachverstehens eindeutig das Übergewicht haben. Bezieht man für die Semantik einen konsequent wissensanalytischen Standpunkt, dann wird die vorläufige Einteilung in „materielle" („äußere") und „geistige" („innere") Faktoren des Sprachverstehens sogar ganz hinfällig: die „äußere" Kommunikationssituation kann im Verstehensprozess ja stets nur als kognitiv verarbeitete (und damit „innerlich" gewordene) Situation wirksam werden. Nicht das materielle Objekt in der Außenwelt (etwa das physische Referenzobjekt eines deiktischen Ausdrucks) ist es, das zum Verstehen beiträgt, sondern stets nur die epistemische Verarbeitung dieses materiellen Objekts in der Kognition des Sprachverstehenden. Bei näherer Betrachtung zeigt sich also, dass die Unterscheidung zwischen Kontext und Ko-Text wie die zwischen Kontext und Situation zumindest aus semantischer und verstehenstheoretischer Sicht wenig zielführend ist.

Für die linguistisch-semantische Analyse sollte man dann zwischen verschiedenen *Ebenen der Kontextualisierung* unterscheiden. Die linguistisch elementarste Kontextualisierungsebene bezieht sich auf die sprachliche Einheit *Wort* (bzw. Einzelzeichen). Mit Bezug auf Worteinheiten sind mindestens vier Kontextualisierungsformen semantisch relevant: (a) Die Kontextualisierung von Wörtern im Satz (evtl. erweitert auf Text). (b) Die Kontextualisierung von Wörtern im Wortfeld (lexikalisch-semantischem Feld) bzw. Wortschatz (semantische Relationen). (c) Die Kontextualisierung von Wörtern im Satz- bzw. Prädikationsrahmen. Und (d) die Kontextualisierung von Wörtern in textweltbezogenen Wissensrahmen. Kontextualisierung

Einige Beispiele sollen verdeutlichen, wie die Kontextualisierung semantisch wirksam wird: Ein Prädikationsrahmen ist immer eine fallspezifische Konkretisierung eines von mehreren verfügbaren wortbezogenen (weltbezogenen) Wissensrahmen. Ein Wort wie *Schwein* kann z.B. unterschiedlichste weltbezogene Wissensrahmen aktivieren, die durch Wörter wie *Schnitzel, Haxe, Schmutz, Gestank, quieken, Bauernhof* usw. etikettiert werden könnten. Eine Kontextualisierung wie *Schweinemedaillon* aktiviert daher einen anderen Prädikationsrahmen als eine Kontextualisierung wie etwa die Kollokation von *Schwein* mit *Sparen*. Zum wortbezogenen Wissen gehört das Wissen, in welchen Prädikationsrahmen dieses Wort – und zwar in welcher Position – vorkommen kann. Aus den kontextfixierten Aktualisierungen in konkreten Sätzen entbunden können Prädikationsrahmen als Wissensrahmen und damit als auf lebensweltliche Erfahrungen zurückführbare Strukturierungen des Alltagswissens analysiert werden. Mit anderen Worten: Mit jedem Sprachzeichen ist ein Wissen darüber verbunden, in welchen Wissensrahmen in welcher Position dieses Sprachzeichen (bzw. sein semantischer Gehalt) eingebettet sein kann. Dies heißt aber: Jede ernst zu nehmende Semantik ist stets eine Semantik der (möglichen) Kontexte, sie wird zur *Kontext*semantik. Unter den dargestellten Modellen und Theorien der jüngeren linguistischen Semantik ist es insbesondere die semantische Frame-Analyse (v.a. in der Version von Charles J. Fillmore), d.h. die linguistische Untersuchung der für das Verstehen sprachlicher Einheiten relevanten Wissensrahmen, die die besten Voraussetzungen für eine solche *wissensanalytische* oder *Kontextsemantik* bietet.

Aufgaben
1. Was versteht man unter der „Kompositionalitätsthese" der Satzsemantik (sog. „Frege-Prinzip")?
2. Warum schlägt von Polenz 1985 vor, zwischen einer „Satzausdrucksstruktur" und einer „Satzinhaltsstruktur" zu unterscheiden?
3. Was besagen die Begriffe „Referenz" und „Prädikation".
4. Was meint von Polenz 1985 mit „prädizierendes Bezugnehmen"?
5. Erläutern Sie den Begriff „Argumentstruktur".
6. Überlegen Sie, welcher Zusammenhang zwischen „Argumentstrukturen" und „Frames" (nach Fillmore) besteht.
7. Erläutern Sie die Begriffe „Kotext" und „Kontext".

Vertiefung
Zur Satzsemantik: Sehr empfehlenswert ist die Lektüre des Buches von Polenz 1985. Zur Textsemantik: sehr instruktiv Schmidt 1976 und Scherner 1984. Zusammenfassend zu linguistischen Theorien des Textverstehens siehe Busse 1991, v.a. Kap. 6 und 7.

# 8. Kulturwissenschaftliche Semantik: Ein Blick über den Tellerrand

## 8.0 Ziele und Warm Up

In diesem Kapitel werden wir: Ziele
- Grundzüge der kulturwissenschaftlichen Semantik vorstellen.
- Ziele und Methoden semantischer Analyse in Begriffsgeschichte und Diskursanalyse skizzieren.
- Einen Ausblick auf eine zukünftige Analyse semantischen Wissens im Rahmen dessen, was man eine „Linguistische Epistemologie" nennen könnte, unternehmen.

Luise ist einem Heiratsbetrüger auf den Leim gegangen und hat ihm Warm Up – verliebt und glücklich wie sie war – ihre Sparbücher ausgehändigt. Ihre Verwandten entschuldigen sie mit Äußerungen wie: *Sie konnte nicht anders. Sie war ihm völlig verfallen.* Welches Wissen benutzen wir beim Verstehen solcher Äußerungen als Entschuldigungsgründen?

## 8.1 Einführung

Zusammen mit der in den 1960er Jahren einsetzenden sprachtheo- linguistic turn retischen Wende (dem sog. *linguistic turn*) in den Geistes- und Kulturwissenschaften hat der Begriff „Semantik" in den vergangenen vierzig Jahren eine starke Ausweitung erfahren. Abgesehen von den „natürlichen" Bedeutungswissenschaften (Philologien bzw. Sprach- und Literaturwissenschaften, Philosophie, theologische und juristische Hermeneutik und Textwissenschaften, sowie abgeleitete Disziplinen wie Sprach- und Literaturdidaktik, Verständlichkeitsforschung und Computerlinguistik) findet man Beschäftigung mit oder Reklamation von im weitesten Sinne semantischen Fragestellungen bzw. Konzepten etwa in der Geschichtswissenschaft, der Ethnologie, der Soziologie, der Politikwissenschaft, den Kommunikationswissenschaften usw.

Während die eher an einem allgemeinen Sinn-Begriff (begründet gesellschaftliche Semantik vom berühmten Soziologen Max Weber) orientierte Redeweise von Soziologen über einen Zusammenhang von „Gesellschaftstheorie und Semantik" (Niklas Luhmann) eher eine allgemeine Floskel darstellt und als kaum an sprachbezogene Semantik-Konzeptionen anschließbar erscheint, haben etwa die von Historikern (wie Reinhart Koselleck 1978) initiierten Forschungen zur Historischen Semantik Einfluss bis in die Sprachwissenschaft und Sprachtheorie hinein gehabt. Semantik öffentlichkeitswirksamer Sprachverwendung wird hier (zunächst als *Begriff*sgeschichte konzipiert) nicht nur als *Indikator* gesellschaftlich-geschichtlicher Prozesse, sondern als wirksamer *Faktor* dieser Prozesse selbst aufgefasst. Erweitert zu einer semantisch orientierten und arbeitenden Diskursanalyse auf der Basis des Diskurskonzepts von Michel Foucault sind Anschließbarkeiten entstanden, die gewisse Teilbereiche neuester linguistischer Forschung mit Ansätzen von Historikern, Gesellschaftswissenschaftlern und z.T. auch Kognitionsforschern verbinden. In Frage stehen (und damit zum Forschungsgegenstand werden) die semantischen (d.h. letztlich sprachgebundenen oder zumindest sprachvermittelten) Bedingungen und Vorstrukturierungen des gesellschaftlichen Wissens. Sprachwissenschaftlich gesprochen: Die Bedingungen und Voraussetzungen der sprachlichen Konstitution von Bedeutungen und ihre Determination durch, die Auswirkungen auf das und die Verflechtung mit dem gesellschaftlich überlieferte(n) Wissen. Am Horizont einer so verstandenen kulturwissenschaftlichen Semantik steht eine Aufklärung der überwiegend sprachlich formatierten Konstitutionsbedingungen wie Strukturierungen von Wissen überhaupt. Linguistische Semantik könnte damit Teil einer umfassenderen kulturellen Semantik, oder, was der treffendere Begriff wäre, einer semantisch begründeten Erforschung des gesellschaftlichen Wissens, einer semantischen Epistemologie sein.

## 8.2 Begriffsgeschichte und Diskursanalyse

**Historische Semantik**

Vor allem in der deutschsprachigen Diskussion ist – als spezifische und international unvergleichliche Leistung der deutschen Geisteswissenschaften – eine umfassende Theorie und Praxis der Historischen Semantik in großen Nachschlagewerken (Wörterbuch „Geschichtliche Grundbegriffe", „Historisches Wörterbuch der Philosophie", „Wörterbuch Ästhetischer Grundbegriffe", „Wörterbuch der Rhetorik" u.a.) oder Publikationsreihen („Archiv für Begriffsgeschichte") entstanden. Angeregt ursprünglich von Historikern, wie etwa dem Mitherausgeber der „Geschichtlichen Grundbegriffe" Reinhart Koselleck (vgl. v.a. 1972 und 1979), hat sich dabei die Historische Semantik weit über die traditionelle historische Wortforschung und Etymologie hinausentwickelt, will sich aber auch von solcher Forschung unterscheiden, die ihre Ergebnisse zwar häufig als Wortartikel tarnt, aber letztlich klassische Sach- und Ideengeschichte ist. Ausgehend von dem Gedanken, dass es in Wörtern ausgedrückte Begriffe sind, und damit sprachliche Einheiten, die das gesellschaftliche Denken in allen Wissensbereichen prägen, soll dem gesellschaftlichen und historischen Wirken von Begriffen und damit ihrer Wirklichkeit konstituierenden und Wirklichkeit verändernden Kraft nachgespürt werden.

**Begriffe als Faktoren der Geschichte**

Berühmt geworden ist Kosellecks Bemerkung, wonach die historisch-sozialen Grundbegriffe nicht nur „Indikatoren" für gesellschaftliche und historische Prozesse sind, sondern historische Veränderungen direkt als „Faktoren" dieser Prozesse beeinflussen können (Koselleck 1972, XXIII f., vgl. auch Ders. 1978). Ein gerne zitiertes

Beispiel dafür sind Begriffe wie *Sozialismus*, die man heute nach dem Sprachwissenschaftler Fritz Hermanns (1989 und 2002) „deontische Begriffe" nennt, also Begriffe, die anzeigen, was getan werden *soll* (z.B. den Sozialismus zu verwirklichen), und nicht, was bereits *ist*. In dieser Denkweise gesehen werden Begriffe selbst zu einem Antrieb des historischen Prozesses.

Eine so aufgefasste Begriffsgeschichte zielt eigentlich immer auf das Denken und die Strukturen des Wissens, die hinter den Wortverwendungen stehen; sie trägt damit dem eigentümlichen Charakter der Größe „Begriff" Rechnung, von der ja nie ganz klar ist, ob es sich dabei um eine Kategorie für die Beschreibung des Denkens und Wissens oder um eine Kategorie zur Beschreibung der Sprache handelt. Gleichwohl darf eine Begriffsgeschichte die sprachliche Seite (viele Linguisten sprechen seit de Saussure diesbezüglich verkürzend von „Ausdrucksseite") der Begriffe nie aus dem Auge verlieren. Zwar ist ein Begriff nicht notwendigerweise an eine einzige Wortform gebunden; und die Identität einer Wortform ist noch lange kein Garant für eine Identität der hinter dieser Wortform stehenden Begriffe und Bedeutungen. Doch muss eine ernstzunehmende Historische Semantik immer auch den sprachlichen, ausdrucksseitigen Aspekten ihres Gegenstandes gerecht zu werden suchen.

Die Kritik an Theorie und Methode der Begriffsgeschichte Kosellecks'scher Prägung war nun keineswegs nur sprachwissenschaftlich motiviert (vgl. dazu Busse 1987, 43 ff. mit weiteren Nachweisen). Vielmehr ging sie aus von dem eigentümlichen Schwebezustand der Begriffsgeschichte zwischen *Denk*geschichte (Ideengeschichte) und *Wort*geschichte. Sie war im Wesentlichen angeregt von dem Ansatz einer „Archäologie des Wissens" des französischen Philosophen Michel Foucault, der den „*Diskurs*" als treibende Kraft des gesellschaftlichen Wissens (der Episteme) ausgemacht hatte. (Siehe Foucault 1969 und 1971, vgl. auch Ders. 1966. Zu Einzelnachweisen vgl. Busse 1987, 222 ff. Vgl. als Überblick auch Macdonell 1986.) Nach Foucault (1971, 48; dt.: 32) bilden die Diskurse eine eigene Ebene des Wirkens, die zwischen Denken und Sprechen angesiedelt ist und weder zu der einen, noch zu der anderen Seite hin aufgelöst werden kann, also niemals auf entweder eine Bewegung des Denkens, der Ideengeschichte, noch auf Aspekte der Sprache, hier im Sinne einer konventionell verstandenen Wortgeschichte und Etymologie hin reduziert werden darf. In der geschichtswissenschaftlichen Diskussion über die Historische Semantik war die Übernahme des Diskurs-Gedankens mit vielfältigen methodischen Änderungen verbunden. Der Diskurs-Gedanke wurde parallel in anderen Geistes- und Kulturwissenschaften übernommen und hat z.B. in der neueren kulturwissenschaftlich ausgerichteten Sprachwissenschaft zu einem lebhaften Forschungsbereich einer eigenständigen Linguistischen Diskursanalyse geführt (siehe zu einem Überblick u.a. Busse 2003b und Wengeler 2003, sowie die Sammelbände Warnke 2007 und Warnke/ Spitzmüller

*Foucaults Diskurs-Begriff*

2008), wird mittlerweile aber auch von Literaturwissenschaftlern, Soziologen, Politologen und anderen verfolgt.

In der sprachwissenschaftlichen Diskurssemantik hat der Diskurs-Gedanke zu einer methodischen Neubesinnung geführt und wird heute eher als eine bestimmte Form der empirisch-deskriptiven Frage-Perspektive verstanden, die verschiedenen linguistischen Einzel-Methoden ein gemeinsames Ziel vorgibt. Linguistische Diskurssemantik in diesem Sinne (siehe dazu ausführlicher Busse 1987 und 2001 und Busse/ Teubert 1994) verbindet bewährte sprachwissenschaftliche Einzelmethoden mit einer neuen und spezifischen Zielsetzung, die (vor allem verbunden mit einer neuen Art der Quellenauswahl) andersartige und weiterführende Ergebnisse erbringen kann als die älteren Fragerichtungen.

Zu diesen Methoden können gehören:
– semantische Merkmalanalyse;
– Ausweitung solcher Analysen auf ganze semantische Netzwerke und ihre Konstituenten (z.B. Wissensrahmen);
– Analyse von Präsuppositionen im Sinne der linguistischen Pragmatik und von durch Inferenzen erschließbare mitgemeinte und/oder versteckte Bedeutungen;
– Analyse bedeutungshafter Elemente von nichtsprachlichen Zeichen;
– Analyse von Argumentationsstrukturen und ihren semantisch-epistemischen Elemente (z.B. Stützungsregeln i.S. des Argumentationsmodells von St. Toulmin);
– Topos-Analyse i.S.d. rhetorischen oder argumentationsanalytischen Topologie;
– Metaphernanalyse nach der Theorie der Alltagsmetaphorik bei Lakoff/ Johnson usw.

In der linguistischen Diskursanalyse (Diskurs hier verstanden im Foucault'schen Sinne) hat sich aus forschungspraktischen Gründen weitgehend eine Arbeitsdefinition durchgesetzt, wonach der Diskurs dingfest gemacht wird als ein Korpus von Texten zu einem bestimmten Themenkomplex (hier nach Busse/ Teubert 1994). Dieses Textkorpus ist nicht von vornherein festgeschrieben, vielmehr wird von dem Gedanken eines „offenen Korpus" ausgegangen, das während der Analyse um benachbarte und relevante Texte erweitert werden kann. Kriterium für die Korpuszusammenstellung ist dabei nicht so sehr (wie in der Begriffsgeschichte) das durchgängige Vorkommen eines einzelnen Bezugwortes, sondern die thematische, gedankliche Beziehung, die zwischen den möglichen Texten des Korpus (des Diskurses) in Bezug auf einen Untersuchungsaspekt besteht.

Bei der Feststellung solcher diskurskonstitutiver Beziehungen kann das eine Rolle spielen, was „diskurssemantische Grundfiguren" genannt wurde. (Vgl. dazu ausführlicher Busse 1997). Gemeint ist damit folgendes: Diskurse zeichnen sich zum einen dadurch aus, dass die ihnen zuzuordnenden Texte Regelmäßigkeiten im Auftreten bestimmter inhaltlicher Elemente aufweisen; zum anderen schlagen sich zu Regelmäßigkeiten verfestigte inhaltliche Elemente in den Texten, die das Korpus der einzelnen Diskurse bilden (bzw. zu ihnen beitragen) nieder. Dabei wird vorausgesetzt, dass Texte (und ihre Bestandteile) nicht – wie es einem alten sprachtheoretischen (und wohl auch alltagsweltlichen) Vorurteil entspricht – durchgängig und ausschließlich durch die Intentionalität des Produzenten geformte originale Erzeugnisse sind. Vielmehr verwenden diese häufig Versatzstücke, die zu der epistemischen Grundausstattung der Textproduzenten gehören bzw. von ihnen aus anderen, zuvor rezipierten Texten bewusst oder unbewusst übernommen worden sind. Solche Versatzstücke wirken auf einer tiefensemantischen Ebene, die meist dem offenkundigen (overten) Bewusstsein und damit einer expliziten Thematisierung entzogen ist, strukturierend und konstituierend auf das (verstehensrelevante) Wissen.

„Diskurssemantische Grundfiguren" (z.B. *„das Eigene und das Fremde"*) zeigen sich dem externen Betrachter u.U. auch dort, wo die „Produzenten" und „Rezipienten" der jeweiligen Texte von ihrem Vorhandensein noch gar nichts ahnen. Sie sind dem Willen der Sprechenden zwar nicht völlig entzogen, doch offenbaren sie sich (und damit spezifische Grundzüge der Episteme des Textproduzenten) häufig unwillkürlich. Zwar kommen diskursive Grundfiguren immer wieder auch an die Oberfläche des Diskurses, werden zum expliziten Gegenstand oder Thema von Texten, und man könnte vielleicht sogar die These aufstellen, dass diese temporäre Explizität eine notwendige Bedingung ihres (ersten?) Auftretens und ihrer strukturellen Wirksamkeit ist; doch ist ihre normale Wirksamkeit (sind sie einmal etabliert) eher dergestalt, dass ihr Vorhandensein zwar das Erscheinen bestimmter diskursiver Elemente erklärt, in diesen Elementen aber nicht so zum Vorschein kommt, dass die diskursiven Grundfiguren zur expliziten Wort- oder Textbedeutung auf der Oberflächenebene gerechnet werden könnten.

Diskursive Grund-<br>figuren

Diskursive Grundfiguren ordnen textinhaltliche Elemente, steuern u.U. ihr Auftreten an bestimmten Punkten des Diskurses, bestimmen eine innere Struktur des Diskurses, die nicht mit der thematischen Struktur der Texte, in denen sie auftauchen, identisch sein muss. Sie bilden ein Raster, das selbst wieder als Grundstruktur diskursübergreifender epistemischer Zusammenhänge wirksam werden kann. Diskursive Grundfiguren sind in diesem Sinne nicht unbedingt an einen bestimmten Diskurs gebunden oder auf einen einzigen Diskurs beschränkt, sondern sie können selbst wiederum in verschiedenen Diskursen zugleich auftauchen. Dadurch tragen sie zu interdiskursiven Beziehungen bei, die vielleicht den intertextuellen Beziehungen der Textlinguistik vergleichbar sind. Aus diesem Grunde haben diskursive Grundfiguren eine Geschichte, die sich nicht notwendig auf den Zeitraum und das Auftreten des gegenwärtigen Bezugsdiskurses oder Bezugstextes (der jeweiligen Analyse) beschränken muss. Im Gegenteil ist es gerade der Reiz der diskursanalytischen Perspektive, dass manche diskursiven Strömungen und Grundfiguren eine historisch-epistemische Tiefendimension haben, die auf den ersten Blick (und aus der oberflächensemantischen Perspektive) zunächst gar nicht zu vermuten stand.

Historisch-semantische Diskursanalyse in diesem Sinne erschließt damit semantische Aspekte und Wissenselemente, die einer rein wortorientierten Bedeutungsgeschichte im traditionellen philologischen, aber auch im begriffsgeschichtlichen Sinne entgehen könnten, und schärft den Blick für prägende epistemische Grundelemente und –strukturen, auf deren Analyse es gerade im epistemologischen Interesse besonders ankommt.

## 8.3 Argumentationsanalyse und konzeptuelle Metaphern

Eine häufiger genutzte Form einer semantischen Analyse in kulturwissenschaftlichen Zusammenhängen stellen Methoden dar, die auf eine semantisch nutzbare Argumentationsanalyse zurückgehen. (Es handelt sich um die Argumentationsanalyse nach dem Modell des amerikanischen Philosophen Stephen Toulmin 1958. Eine interessante Weiterentwicklung davon ist die „Topos-Analyse" nach Wengeler 2003.) Im Kontext solcher Analysen, die sich einer Satz- und Textsemantik im weitesten Sinne zuordnen lassen (und die in großer Nähe zur pragmatischen Semantik stehen, wie etwa zur Analyse von Implikaturen und Präsuppositionen), ist für uns insbesondere die Analyse sogenannter „konzeptueller Metaphern" nach Lakoff/ Johnson interessant. Bei solchen konzeptuellen Metaphern handelt es sich um das Phänomen, dass mit der Benutzung einer solchen Metapher nicht nur einfache Bedeutungsaspekte in einen Text eingeführt werden, sondern ganze komplexe Systeme von mit der Metapher zusammenhängendem Wissen zugleich aktiviert werden. Als Beispiel kann eine Metapher gelten wie *Der Mensch ist ein Wolf.* Eine solche Metapher transportiert semantisch ein gesamtes System von Schlussfolgerungen oder Implikationen, das mit dieser Metapher vom Wolf auf den Menschen übertragen wird, wie z.B.: *Beutetier, aggressiv, gefährlich, jagt andere* usw. Die Projektion der Eigenschaften des Wolfes auf den Menschen erfolgt nach Schlussregeln wie *Wenn der Mensch ein Wolf ist, dann: ist er ein Beutetier, ist er aggressiv, ist er gefährlich ...* usw.

Eine solche Metapher enthält letzten Endes immer ein gesamtes Implikationssystem (mit den Merkmalen: es umfasst eine ganze Klasse von prototypischen Aussagen, es ist durch die Kommunikationsgemeinschaft festgelegt, d.h. kulturabhängig, jeder Sprachteilhaber verfügt über das System der „related commonplaces", d.h. geteilten Gemeinplätze). Die kommunikative Annahme einer solchen Metapher ist daher immer gleichbedeutend mit dem Akzeptieren des mit ihr verbundenen Bündels von Schlussregeln (bzw. impliziten Annahmen oder Wissensvoraussetzungen). Das Akzeptieren einer Metapher hat somit das Erheben eines Geltungsanspruchs zur Folge. Dies kann an der Konzeptmetapher *Liebe als Magie* gezeigt werden. Ein etwa in einem

Konzeptuelle<br/>Metaphern

Gespräch benutztes Argument wie *Sie hat mich in ihren Bann gezogen.* ist nur verständlich auf der Basis einer der konzeptuellen Metapher entnommenen Schlussregel wie: *Wenn Liebe Magie ist, dann verfällt man Illusionen, steht im Bann einer anderen Person* etc. Es soll eine Konklusion nahegelegt oder unterstützt werden wie: *Ich kann gar nicht anders, als mir von ihr/ihm alles bieten zu lassen.* Konzeptuelle Metaphern sind also Mittel, mit denen sehr viel mehr an Wissen kommunikativ transportiert werden kann, als nach den gängigen linguistischen Modellen zum Bereich der „sprachlichen Bedeutung" hinzugerechnet wird.

## 8.4 Linguistische Epistemologie

Moderne kulturwissenschaftlich genutzte Analyseformen der Semantik wie die Begriffsgeschichte, die Diskursanalyse, die Analyse konzeptueller Metaphern und von Argumentationen haben gemeinsam, dass sie zunehmend das in den Blick rücken, was allen diesen semantischen „Techniken" gemeinsam ist: nämlich eine starke Ausweitung des in semantischen Analysen zu berücksichtigenden semantisch relevanten (oder verstehensrelevanten) Wissens. Der Punkt der Grenzüberschreitung, an dem die Grenzen der traditionellen linguistischen und logisch-philosophischen Semantik überschritten wurden, kann genau markiert werden. Man kann diese Grenzüberschreitung, die man eine „epistemologische Wende" in der linguistischen Semantik nennen könnte, datieren mit jenem Moment im Jahre 1971, in dem der Begründer der Frame-Semantik Charles J. Fillmore (1971a, 274) für die linguistische Semantik vorschlägt, die übliche (und seiner Ansicht nach falsche) Frage: „Was ist die Bedeutung dieser Form?" (d.h. dieses Wortes, Satzes) durch die Frage zu ersetzen: „Was muss ich wissen, um eine sprachliche Form angemessen verwenden zu können und andere Leute zu verstehen, wenn sie sie verwenden?" Diesen umfassenden, die Grenzen der traditionellen lexikalischen Semantik überschreitenden Anspruch einer epistemisch gewendeten (also wissensanalytischen) linguistischen Semantik formuliert Fillmore hier mit einer Radikalität, deren Auswirkungen ihm womöglich selbst nicht vollständig klar waren. So bestimmt er die Aufgabe der linguistischen Semantik damit, dass sie u.a. erfassen soll: „die Präsuppositionen oder ‚Glückensbedingungen' für den Gebrauch der [lexikalischen] Einheit, die Bedingungen, die erfüllt sein müssen, damit die Einheit ‚angemessen' benutzt werden kann" (Fillmore 1971b, 370). Der zentrale Terminus ist hier „Bedingungen". Die ganze (damals noch nicht erahnte) epistemologische Radikalität dieser Neubestimmung der Aufgabe der linguistischen Semantik kommt dort zum Ausdruck, wo Fillmore (im zuerst zitierten Aufsatz) die semantische Aufgabe beschreibt als die Erschließung des „vollen Set[s] von Präsuppositionen [...], der erfüllt sein muss für jede aufrichtige Äußerung [eines] Satzes" (Fillmore 1971a, 277).

Bedingungen des Verstehens

Wenn auch von „Bedingungen" bereits in der logischen Semantik (und damit im semantiktheoretischen Mainstream) die Rede war, so ist doch der Schritt von den dort genannten „Wahrheitsbedingungen" zu den nun gemeinten „Glückensbedingungen", oder besser „Bedingungen der angemessenen Benutzbarkeit" eines Wortes, ein vielleicht zunächst unbemerkter, aber entscheidender Schritt weg von dem falschen Schein der Berechenbarkeit der Merkmalslisten und logischen Konditionen hin zum verstehensrelevanten Wissen in seiner ganzen Breite und Fülle. Vielleicht hat Fillmore die Radikalität dieser neuen Zielbestimmung der Semantik deswegen nicht in ihrer vollen Tragweite erfasst, weil ihm auf dem damaligen Stand der Präsuppositionsforschung die Tragweite einer Formulierung wie „voller Set von Präsuppositionen" nicht bewusst war. Nachdem man heute weiß, dass es faktisch nicht möglich ist, zwischen „semantischen" und „pragmatischen" Präsuppositionen einen präzisen Trennstrich zu ziehen, nachdem also deutlich ist, dass „Präsupposition" nur ein anderer Terminus für einen großen Teil des „verstehensrelevanten Wissens" ist, wird die epistemologische (wissensanalytische) Tragweite der Zielbestimmung durch Fillmore unabweisbar.

wissensanalytische Semantik

Eine semantische Beschreibung des sprachzeichen-bezogenen verstehensrelevanten Wissens als Ziel kommt schon für sich genommen einer umfassenden Neubestimmung des Gegenstandes der linguistischen Semantik gleich. Es gibt in der analytischen Sprachphilosophie und Pragmatik einen Terminus, der treffend benennt, um was es bei einer solchen „semantischen Tiefenanalyse" im Kern geht: „tacit knowledge" („stillschweigendes Wissen"). Das sog. „offensichtliche" Wissen, wie es in der Semantik beispielsweise in semantischen Merkmalsbeschreibungen, in der lexikalischen Bedeutungserläuterung, in einer auf Propositionen und damit auf durch Zeichen und Zeichenketten tatsächlich artikulierte Satzelemente gestützten Satzanalyse zum Ausdruck gebracht wird, ist in der Regel nur der kleinere Teil desjenigen Wissens, das benötigt wird, um die epistemische Bedeutung eines sprachlichen Ausdrucks (ob Wort oder Satz) umfassend verstehen zu können. Die zur lexikalischen und zur logisch-semantischen Bedeutung von Wörtern respektive Sätzen gerechneten Bedeutungselemente reichen gerade nicht aus, um das zu erfüllen, was Fillmore in den zitierten Bemerkungen von einer nicht-reduktionistischen Semantik fordert: die ganze Fülle der Bedingungen zu erfassen, die gegeben sein müssen, damit man eine Form/einen Satz angemessen verstehen kann. Zum offensichtlichen (und in den Wörterbüchern und Satzanalysen beschriebenen) Wissen muss eine Fülle von Wissenselementen hinzukommen, damit man von einem vollständigen Erfassen der epistemischen Verstehensvoraussetzungen sprechen kann.

Das Interesse einer modernen kulturwissenschaftlichen Semantik (sei es in Form und Ziel einer Diskursanalyse nach Foucault, sei es als Begriffsgeschichte nach Art von Koselleck, sei es als Analyse kon-

zeptueller Metaphern nach Lakoff/Johnson, als Argumentationsanalyse oder als Frame-Analyse nach Fillmore) richtet sich daher auch
auf solche epistemischen Elemente im verstehensrelevanten Wissen,
die nicht zur intendierten kommunikativen Absicht, die mit den Wör-
tern/Texten verfolgt wird, gehören. Eine solche Semantik nimmt also
eine Gegenstandsbildung vor, die sich von derjenigen der traditionellen linguistischen und logisch-philosophischen Semantik deutlich
unterscheidet. Diese Tatsache könnte zu vorschnellen billigen Grenz-
ziehungen nach Manier der üblichen disziplinen-internen Schubkas-
ten-Bildung führen nach dem falschen Motto, soll doch jeder künftig
getrennt seinen eigenen Erkenntnisinteressen nachgehen. Ein solcher wohlfeiler Pluralismus würde jedoch die theoretische Spreng-
kraft einer epistemologischen Perspektive in der linguistischen Semantik völlig verkennen. Im Gegensatz zu einer solchen Haltung hat
z.B. Fillmore immer wieder mit zahlreichen Beispielen nachgewiesen, dass eine auf Verstehensbedingungen bezogene Perspektive in
der Semantik Auswirkungen bis tief in die sogenannten Kernbereiche
der Linguistik (z.B. in die Syntax) hinein hat. Um es auf den Punkt
zu bringen: eine epistemologisch reflektierte Semantik wäre eine
deutlich andere Semantik als die des heutigen Mainstreams. Eine im
echten Sinne kognitiv-epistemologische Semantik steht allerdings
erst am Anfang und müsste erst noch entwickelt werden.

1. Informieren Sie sich (z.B. über das Internet) was man unter dem       Aufgaben
   „linguistic turn" in den Geistes- und Sozialwissenschaften der 2.
   Hälfte des 20. Jhds. versteht.
2. Was meinte im Rahmen des Forschungsprogramms einer geschichtswissenschaftlichen „Begriffsgeschichte" der Historiker R.
   Koselleck 1972 damit, wenn er historisch-soziale Grundbegriffe
   als „Indikator" und „Faktor" bezeichnete?
3. Welches Ziel verfolgt eine „linguistische Diskursanalyse" (nach
   dem Diskursbegriff von Foucault)?
4. Erläutern Sie den Begriff „konzeptuelle Metapher" nach Lakoff/
   Johnson an einem selbstgewählten Beispiel.
5. Was versteht man unter einer (linguistisch-semantischen) Topos-
   Analyse? (Informieren Sie sich ggf. über Internet-Quellen.)
6. Was versteht man in der verstehensanalytischen Semantik unter
   „tacit knowledge"?
7. Was ist unter einer „linguistischen Epistemologie" zu verstehen
   und warum könnte es sinnvoll sein, ein solches Forschungsziel in
   der linguistischen Semantik zu verfolgen?

Zur Begriffsgeschichte und Diskursanalyse Busse 1987 (v.a. Kap. 2       Vertiefung
und 9) und Busse 2003, zur neueren Diskursanalyse Warnke 2007,
Warnke/Spitzmüller 2008 und Landwehr 2008. Zur Argumenta-
tions- und Topos-Analyse Wengeler 2003. Zu Konzeptuellen Metaphern Liebert 1992. Zum Ansatz einer epistemologischen Semantik
Busse 2008.

# Literatur

Agricola, Erhard/ Viehweger, Dieter (1983): Textlinguistik. In: E. Agricola u.a.: Kleine Enzyklopädie: Deutsche Sprache. Leipzig, 211-237.

Arnauld, Antoine/ Nicole, Pierre (1662): Die Logik oder Die Kunst des Denkens. Übers. Christos Axelos. Darmstadt: Wissenschaftliche Buchgesellschaft 2005.

Augustinus: Confessiones – Bekenntnisse = Übersetzung von Otto F. Lachmann: Die Bekenntnisse des heiligen Augustinus, Leipzig: Reclam 1888 u.ö.

Austin, John L. (1962): Zur Theorie der Sprechakte. (How to do things with Words.) Stuttgart 1972 (zuerst 1962)

Baker, Gordon (1987): Moderne Sprachtheorien aus philosophischer Sicht. In: Rainer Wimmer (Hrsg.): Sprachtheorie: der Sprachbegriff in Wissenschaft und Alltag. (Jahrbuch 1986 des Instituts für deutsche Sprache) Düsseldorf, 77-98.

Baker, G.P./ Hacker, P.M.S. (1984): Language, Sense and Nonsense. A Critical Investigation into Modern Theories of Language. Oxford.

Baker, G.P./ Hacker, P.M.S. (1985): Wittgenstein. Rules, Grammar and Necessity. An analytical commentary on the Philosophical Investigations. Vol. 2 Oxford.

Barsalou, Lawrence W. (1992): Frames, concepts, and conceptual fields. In: Lehrer Adrienne/ Eva. F. Kittay (Hg.): Frames Fields and Contrasts. Hillsdale, N.J.

Barthes, Roland (1974): Elemente der Semiologie. Frankfurt am Main.

Bartlett, Frederick C. (1932): Remembering: A Study in Experimental and Social Psychology. Cambridge: Cambridge University Press.

Benveniste, Emile (1974): Probleme der allgemeinen Sprachwissenschaft. München.

Bickes, Hans (1984): Theorie der kognitiven Semantik und Pragmatik. Frankfurt am Main/ Bern/ Nancy/ New York.

Brekle, Herbert E. (1972): Semantik. München.

Brinker, Klaus (1985): Linguistische Textanalyse. Eine Einführung in Grundbegriffe und Methoden. Berlin. (6., überarbeitete und erweiterte Auflage 2005)

Bühler, Karl (1934): Sprachtheorie. Die Darstellungsfunktion der Sprache. Neuauflage Stuttgart/ New York 1982.

Busse, Dietrich (1987): Historische Semantik. Stuttgart.

Busse, Dietrich (1991): Textinterpretation. Sprachtheoretische Grundlagen einer explikativen Semantik. Opladen.

Busse, Dietrich (1991a): Konventionalisierungsstufen des Zeichengebrauchs als Ausgangspunkt semantischen Wandels. Zum Entstehen lexikalischer Bedeutungen und zum Begriff der Konvention in der Bedeutungstheorie von H.P. Grice In: Ders. (Hrsg.) 1991: Diachrone Semantik und Pragmatik. Tübingen, 37-66

Busse, Dietrich (1997): Das Eigene und das Fremde. Zu Funktion und Wirkung einer diskurssemantischen Grundfigur. In: Matthias Jung/ Martin Wengeler/ Karin Böke (Hrsg.): Die Sprache des Migrationsdiskurses. Opladen: Westdeutscher Verlag, 17-35.

Busse, Dietrich (2002): Semantischer Wandel in traditioneller Sicht. (In: D. Alan Cruse/ Franz Hundsnurscher/ Michael Job/ Peter Rolf Lutzeier (Hrsg.): Lexikologie. Ein internationales Handbuch zur Natur und Struktur von Wörtern und Wortschätzen. Berlin/ New York: de Gruyter, 1306-1324.

Busse, Dietrich (2003): Begriffsgeschichte oder Diskursgeschichte? Zu theoretischen Grundlagen und Methodenfragen einer historisch-semantischen Epistemologie. In: Carsten Dutt (Hrsg.): Herausforderungen der Begriffsgeschichte. Heidelberg, 17-38.

Busse, Dietrich (2008): Linguistische Epistemologie. Zur Konvergenz von kognitiver und kulturwissenschaftlicher Semantik am Beispiel von Begriffsgeschichte, Diskursanalyse und Frame-Semantik. In: Heidrun Kämper/ Ludwig Eichinger (Hrsg.): Sprache – Kognition – Kultur. Sprache zwischen mentaler Struktur und kultureller Prägung (= Jahrbuch 2007 des Instituts für deutsche Sprache) Berlin/ New York: de Gruyter, 73-114.

Busse, Dietrich/ Hermanns, Fritz/ Teubert, Wolfgang (Hrsg.) (1994): Begriffsgeschichte und Diskursgeschichte. Methodenfragen und Forschungsergebnisse der historischen Semantik. Opladen: Westdeutscher Verlag.

Busse, Dietrich/ Teubert, Wolfgang (1994): Ist Diskurs ein sprachwissenschaftliches Objekt? Zur Methodenfrage der historischen Semantik. In: Busse/ Hermanns/ Teubert (Hrsg.) 1994, 10-28.

Bußmann, Hadumod (2008): Lexikon der Sprachwissenschaft. Stuttgart: Kröner 2008. (4., durchges. u. erg. Aufl. u. Mitarbeit von Hartmut Lauffer)

Carnap Rudolf (1934): Logische Syntax der Sprache, Wien 1934, 2. Aufl. 1968.

Carnap, Rudolf (1947): Meaning and Necessity. Chicago/ London 1947, erw. Ausg. 1956.

Coleman, Linda/ Paul Kay (1981) Prototype Semantics: The English Word *Lie*. Language 57(l), 26-44.

Collins, A.M./ Loftus, E.F. (1975): A spreading activation theory of semantic memory. In: Psychological Review, 82, 407-428.

Cruse, D. Alan (1986): Lexical Semantics. Cambridge.

Cruse, D. Alan u.a. (Hg.) (2002): Lexikologie. Ein internationales Handbuch zur Natur und Struktur von Wörtern und Wortschätzen. (= HSK 21) Berlin/ New York: de Gruyter.

Erdmann, Karl Otto (1900): Die Bedeutung des Wortes. Wiederabdruck in: Ders.: Die Bedeutung des Wortes. Aufsätze aus dem Grenzbereich der Sprachpsychologie und Logik. Leipzig: Avenarius 1925.

Fillmore, Charles J. (1968a): The Case for Case. In: Emmon Bach/ Robert T. Harms (eds.): Universals in Linguistic Theory. New York: Holt, Rinehart and Winston, 1-88. [Dt. in: Werner Abraham (Hrsg.): Kasustheorie. Frankfurt am Main: Athenäum 1971, 1-118.]

Fillmore, Charles J. (1968b): Lexical Entries for Verbs. In: Foundations of Language 4, 373-393.

Fillmore, Charles J. (1971a): Types of Lexical Information. In: Danny D. Steinberg/ Leon A. Jakobovits (eds.): Semantics: An Interdisciplinary Reader in Philosophy, Linguistics and Psychology. Cambridge: University Press, 370-392. [Dt. in: Stelzer (Hg.): Probleme des Lexikons der Transformationsgrammatik. Frankfurt a.M. 1972, 98-129.]

Fillmore, Charles J. (1971b): *Space*. In: René Dirven/ Günter A. Radden (eds.): Fillmore's Case Grammar. A Reader. Heidelberg: Groos 1987, 55-58.

Fillmore, Charles J. (1976a): Frame semantics and the nature of language. In: Steven R. Harnad/ Horst D. Steklis/ Jane Lancaster (eds.): Origins and Evolution of Language and Speech. New York, 20-32.

Fillmore, Charles J. (1977a): The Case for Case Reopened. In: Peter Cole/ Jerrold M. Sadock (eds.): Syntax and Semantics. Vol. 8. Grammatical Relations. New York/ London: Academic Press, 59-81.

Fillmore, Charles J. (1977b): Scenes-and-Frames Semantics. In: Antonio Zampolli (ed.): Linguistic Structures Processing. Vol. 5. Amsterdam u.a.: North Holland 1977, 55-81.

Fillmore, Charles J. (1977c): Topics in Lexical Semantics. In: Roger W. Cole (ed.): Current Issues in Linguistic Theory. Bloomington/ London: Indiana University Press, 76-138.

Fillmore, Charles J. (1977d): Schemata and Prototypes. Lecture notes of a symposium held at Trier University, 1977. In: René Dirven/ Günter A. Radden (eds.): Fillmore's Case Grammar. A Reader. Heidelberg: Groos 1987, 99-106.

Fillmore, Charles J. (1978): On the organization of semantic information in the lexicon. In: Donka Farkas/ Wesley M. Jacobsen/ Karol W. Todrys (eds.): Papers from the Parasession on the Lexicon. Chicago: The Chicago Linguistic Society 1978, 148-173.

Fillmore, Charles J. (1982): Frame Semantics. In: The Linguistic Society of Korea (ed.): Linguistics in The Morning Calm. Seoul: Hanshin Publishing Corp., 111-137.

Fillmore, Charles J. (1984): Lexical semantics and text semantics. In: James E. Copeland (ed.): New Directions in Linguistics and Semantics. Houston: Rice Univ. St., 123-147.

Fillmore, Charles J. (1985a): Frames and the Semantics of Understanding. In: Quaderni di Semantica 6, 222-254.

Foucault, Michel (1966): Le mots et les choses. Paris. (Dt.: Die Ordnung der Dinge. Frankfurt am Main 1971.)

Foucault, Michel (1969): L'archéologie du savoir. Paris. (Dt.: Die Archäologie des Wissens. Frankfurt am Main 1973.)

Foucault, Michel (1971): L'ordre du discours. Paris. (Dt.: Die Ordnung des Diskurses. München 1974.)

Frege, Gottlob (1892): Über Sinn und, Bedeutung. In: Patzig (Hg.) 1980.

Frege, Gottlob (1891): Funktion, Begriff, Bedeutung. In: Ders.: Funktion, Begriff, Bedeutung. Fünf logische Studien. Hg. u. eingel. v. G. Patzig. 5. Aufl. Göttingen 1980.

Gazdar, Gerald (1979): Pragmatics: Implicature, presupposition, and logical form. New York: Academic.

Geeraerts, Dirk (1988): Where does prototypicality come from? Topics in cognitive linguistics 50, 645-677.

Givón, Talmy (1984): Syntax: A functional-typological introduction. Volume I. Amsterdam: John Benjamins.

Glück, Helmut (Hrsg.) (2005): Metzler Lexikon Sprache. Stuttgart: Metzler. (3. Aufl.)

Greimas, Algirdas Julien (1971): Strukturale Semantik. Braunschweig.

Grice, Herbert Paul (1957): Meaning. In: Philosophical Review 66, 311-388. (Dt. in: Georg Meggle (Hrsg.): Handlung, Kommunikation, Bedeutung. Frankfurt a. M. 1979, 2-15.)

Grice, Herbert Paul (1968): Utterer's Meaning, Sentence-Meaning and Word-Meaning. In: Foundations of Language 4, 225-242. (Dt. in: Meggle 1979, 85-111.)

Grice, Herbert Paul (1969): Utterer's Meaning and Intentions. In: Philosophical Review 78, 147-177. (Dt. in: Meggle 1979, 16-51.)

Grice, Herbert Paul (1975): Logic and Conversation. In: Peter Cole/ Jerry L. Morgan (eds.): Syntax and Semantics Vol. 3: Speech Acts. New York/ San Francisco/ London, 41-58. (Dt. in: Meggle 1979, 243-265.)

Grice, Herbert Paul (1978): Further Notes on Logic and Conversation. In: Peter Cole (ed.): Syntax and Semantics Vol. 9: Pragmatics. New York/ San Francisco, 113-127.

Grice, Herbert Paul (1982): Meaning Revisited. In: Neil V. Smith (ed.): Mutual Knowledge. London/ New York u.ö., 223-43.

Haller, Rudolf (1971): Art. „Begriff". In: Joachim Ritter (Hrsg.): Historisches Wörterbuch der Philosophie. Bd. 1. Darmstadt, 780-787.

Hartmann, Peter (1968): Zum Begriff des sprachlichen Zeichens. In: Zeitschrift für Phonetik, Sprachwissenschaft und Kommunikationsforschung 21, 205-222.

Hartmann, Peter (1970): Probleme der semantischen Textanalyse. In: Siegfried J. Schmidt (Hrsg.): text, bedeutung, ästhetik. München, 15-42.

Hartmann, Peter (1971): Texte als linguistisches Objekt. In: Stempel, Wolf-Dieter (Hrsg.) (1971): Beiträge zur Textlinguistik. München, 9-29.

Hecht, M. (1888): Die griechische Bedeutungslehre, eine Aufgabe der klassischen Philologie. Leipzig.

Heringer, Hans-Jürgen (1974): Praktische Semantik. Stuttgart.

Heringer, Hans-Jürgen/ Öhlschläger, Günther/ Strecker, Bruno/ Wimmer, Rainer (1977): Einführung in die Praktische Semantik. Heidelberg.

Hermanns, Fritz (1989): Deontische Tautologien. Ein linguistischer Beitrag zur Interpretation des Godesberger Programms der SPD. – In: Josef Klein (Hg.): Politische Semantik. Beiträge zur politischen Sprachverwendung. Opladen: Westdeutscher Verlag, 69-149.

Hermanns, Fritz (2002): Dimensionen der Bedeutung I: ein Überblick. In: Cruse et al. (Hgg.) 2002, 343-350.

Hörmann, Hans (1976): Meinen und Verstehen. Grundzüge einer psychologischen Semantik. Frankfurt am Main.

Humboldt, Wilhelm von (1835): Über die Verschiedenheit des menschlichen Sprachbaus und ihren Einfluss auf die Entwicklung des Menschengeschlechts. In: Humboldt 1963, 368-756. (Akademie-Ausgabe Bd. VII, 105); vgl. auch 480 (VII, 101))

Humboldt, Wilhelm von (1963): Schriften zur Sprachphilosophie. Werke Bd. 3. Darmstadt.

Husserl, Edmund (1913): Logische Untersuchungen. 6. Auflage 1980. Tübingen.

Kant, Immanuel (1956): Kritik der reinen Vernunft. Werke Bd. 4. Darmstadt.

Katz, Jerrold J. (1971): Philosophie der Sprache. Frankfurt am Main.

Keller, Rudi (1994): Sprachwandel. Von der unsichtbaren Hand in der Sprache. Tübingen.

Keller, Rudi (1995): Zeichentheorie. Tübingen: Francke.

Kleiber, Georges (1998): Prototypensemantik. Eine Einführung. 2. Aufl. Tübingen.

Koselleck, Reinhart (1972): Einleitung zu: Otto Brunner/ Werner Conze/ Reinhart Koselleck (Hrsg.): Geschichtliche Grundbegriffe. Historisches Lexikon zur politisch-sozialen Sprache in Deutschland. Bd. 1. Stuttgart, S. XIII-XXVII.

Koselleck, Reinhart (1978): Begriffsgeschichte und Sozialgeschichte. In: Ders. (Hg.), 19-36.

Koselleck, Reinhart (Hrsg.) (1978): Historische Semantik und Begriffsgeschichte. Stuttgart.

Koselleck, Reinhart (2006): Begriffsgeschichten. Studien zur Semantik und Pragmatik der politischen und sozialen Sprache. Frankfurt am Main: Suhrkamp.

Kronasser, Heinz (1952): Handbuch der Semasiologie. Heidelberg 1968.

Kuhn, Thomas S. (1962): The Structure of Scientific Revolutions. Chicago 1962, 2. erw. Ausg. 1970. (dt. Die Struktur wissenschaftlicher Revolutionen. Frankfurt a. M. 1969)

Lakoff, George/ Johnson, Mark (1980): Metaphors we live by. Chicago. (Dt.: Leben in Metaphern. Konstruktion und Gebrauch von Sprachbildern. Heidelberg: Carl-Auer, 2004.)

Landwehr, Achim (2008): Historische Diskursanalyse. Frankfurt a.M.: Campus.

Langacker, Ronald. W. (1987): Foundations of cognitive grammar: Theoretical Prerequisites. Stanford, CA: Stanford University Press.

Leibniz Gottfried W. (1704): Neue Abhandlungen über den menschlichen Verstand (Originaltitel: Nouveaux Essais sur L'entendement humain.)

Levinson, Stephen (1990): Pragmatik. Tübingen: Niemeyer.

Lewandowski, Theodor (1994): Linguistisches Wörterbuch. 3 Bde. Heidelberg: Quelle & Meyer 1994. (6. Aufl.) (UTB Band 1518)

Lewis, David K. (1969): Convention. A philosophical study. Cambridge, Mass. (Dt.: Konventionen. Eine sprachphilosophische Abhandlung. Berlin 1975).

Liebert, Andreas (1992): Methaphernbereiche der deutschen Alltagssprache, Kognitive Linguistik und die Perspektiven einer Kognitiven Lexikographie. Frankfurt/M., Bern u.a.: Lang.

Linke, Angelika/ Nussbaumer, Markus/ Portmann, Paul R. (2004): Studienbuch Linguistik 5., erweiterte. Tübingen: Niemeyer. (Reihe Germanistische Linguistik. Band 121)

Löbner, Sebastian (2003): Semantik. Eine Einführung Berlin/ New York: de Gruyter.

Lutzeier, Peter Rolf (1985): Linguistische Semantik. Stuttgart: Metzler.

Lyons, John. (1968): Introduction to theoretical linguistics. Cambridge: University Press. (Dt.: Einführung in die moderne Linguistik. München: Beck 1971.)

Lyons, John (1980): Semantik. 2 Bände. München: Beck.

Lyons, John (1983): Die Sprache. München: Beck.

Lyons, John (1995): Linguistic Semantics. An introduction. Cambridge. (2. Aufl. 2002)

Locke, John (1690): Versuch über den menschlichen Verstand: in vier Büchern. Hamburg: Meiner 1988, 2002.

Macdonell, Diane (1986): Theories of discourse  An introduction. Oxford. Basil Blackwell.

Martinet, André (1960): Éléments de linguistique générale. Paris: Armand Colin. (Dt.: Grundzüge der allgemeinen Sprachwissenschaft. Stuttgart: Kohlhammer 1963)

Marty, Anton (1908): Untersuchungen zur Grundlegung der allgemeinen Grammatik und Sprachphilosophie. Halle: Niemeyer.

Minsky, Marvin (1974): A Framework for Representing Knowledge. In: Artificial Intelligence Memo No. 306, M.I.T. Artificial Intelligence Laboratory. [Dt. in: Dieter Münch (Hrsg.): Kognitionswissenschaft. Grundlagen, Probleme, Perspektiven. Frankfurt am Main: Suhrkamp, 1992, 92-133]

Nöth, Winfried (1985): Handbuch der Semiotik. 2. Aufl. Stuttgart/ Weimar: Metzler 2000.

Ogden, C.K./ I.A. Richards (1923): The Meaning of Meaning. (Dt.: Die Bedeutung der Bedeutung. Frankfurt am Main 1974.

Paul, Hermann (1880): Prinzipien der Sprachgeschichte. Tübingen: Niemeyer.

Peirce, Charles Sanders (1903): Phänomen und Logik der Zeichen. Hg. u. übers. v. H. Pape. Frankfurt a. M. 1993. [Nummern beziehen sich auf die Zählung der *Collected Papers*]

Peirce, Charles Sanders (1967/70): Schriften. 2 Bde. Hg. v. K.-O. Apel. Frankfurt a. M.

Polenz, Peter von (1985): Deutsche Satzsemantik. Grundbegriffe des Zwischen-den-Zeilen-Lesens. Berlin/ New York: de Gruyter.

Porzig, Walter (1934) Wesenhafte Bedeutungsbeziehungen. In: Beiträge zur Geschichte der deutschen Sprache und Literatur 58, 70-97

Putnam, Hilary (1973): Meaning and Reference. In: The Journal of Philosophy 70, 69-711.

Putnam, Hilary (1978): Meaning, Reference and Stereotypes. In: F. Guenthner/ M. Guenthner-Reutter (eds.): Meaning and Translation. London, 61-81.

Putnam, Hilary (1979): Die Bedeutung von „Bedeutung". Frankfurt am Main.

Rolf, Eckhard (1994): Sagen und Meinen. Paul Grices Theorie der Konversations-Implikaturen. Opladen: Westdeutscher Verlag.

Rosch, Eleanor (1973): On the Internal Structure of Perceptual and Semantic Categories. In: T.E. Moore (ed.): Cognitive Development and Language. New York, 11-144.

Rosch, Eleanor (1975a): Cognitive Representations of Semantic Categories. In: Journal of Experimental Psychology 104, 192-233.

Rosch, Eleanor (1975b): Cognitive Reference Points. In: Cognitive Psychology 7, 532-547.

Rosch, Eleanor (1977): Human Categorization. In: N. Warren (ed.): Studies in Cross-cultural Psychology. Vol. 1. London/ New York/ San Francisco, 1-49.

Rosch, Eleanor (1978): Principles of Categorization. In: E. Rosch/ B.B. Lloyd (eds.): Cognition and Categorization. Hillsdale, 27-48.

Russell, Bertrand (1903): The Principles of Mathematics. Cambridge: University Press.

Saussure, Ferdinand de (1967): Grundfragen der allgemeinen Sprachwissenschaft. Berlin: de Gruyter. (Zuerst 1916)

Schank, Roger C./ Robert P. Abelson (1977): Scripts, Plans, Goals and Understanding: An Inquiry into Human Knowledge Structures. Hillsdale: Lawrence

Schapp, Wilhelm (1959): Philosophie der Geschichten. Leer.

Scheerer, Thomas M. (1980): Ferdinand de Saussure. Rezeption und Kritik. Darmstadt.

Scherner, Maximilian (1984): Sprache als Text. Ansätze zu einer sprachwissenschaftlich begründeten Theorie des Textverstehens. Tübingen.

Schippan, Thea (1972): Einführung in die Semasiologie. Leipzig.

Schippan, Thea (1983): Lexikologie. In: E. Agricola u.a.: Kleine Enzyklopädie: Deutsche Sprache. Leipzig, 273-307.

Schleiermacher, F. D. E. (1838): Hermeneutik und Kritik. Mit einem Anhang sprachphilosophischer Texte Schleiermachers. Hg. von M. Frank. Frankfurt a. M. 1977 (stw 211).

Schmidt, Siegfried J. (1969): Bedeutung und Begriff. Zur Fundierung einer sprachphilosophischen Semantik. Braunschweig

Schmidt, Siegfried J. (1971): ,Text' und ,Geschichte' als Fundierungskategorien. In: Stempel, Wolf-Dieter (Hrsg.) (1971): Beiträge zur Textlinguistik. München, 31-52.

Schmidt, Siegfried J. (1976): Texttheorie. Probleme einer Linguistik der sprachlichen Kommunikation. München.

Searle, John R. (1971): Sprechakte. Ein sprachphilosophischer Essay. Frankfurt am Main.

von Stechow, Arnim/ Wunderlich, Dieter (Hrsg.): Semantik. Ein Internationales Handbuch der zeitgenössischen Forschung. (HSK 6) Berlin/ New York 1991.

Strawson, Peter F. (1950): On Referring. In: Ders.: Logico-linguistic Papers. London 1971, 1-27. (Zuerst in: Mind LIX, 1950, 320-344.)

Strawson, Peter F. (1952): Introduction to Logical Theory. London: Methuen.

Tesnière, L. (1959): Eléments de syntaxe structurale. Paris. [Dt.: Grundzüge der strukturalen Syntax. Hg. und übs. von U. Engel. Stuttgart 1980]

Toulmin, Stephen (1958): The Uses of Argument. (Dt.: Der Gebrauch von Argumenten. Weinheim: Beltz Athenäum 1996².)

Trier, Jost (1931): Der deutsche Wortschatz im Sinnbezirk des Verstandes: von den Anfängen bis zum Beginn des 13. Jahrhunderts. (Reprint: Heidelberg: Winter, 1973)

Warnke, Ingo (Hrsg.) (2007): Diskurslinguistik nach Foucault. Theorie und Gegenstände. Berlin/ New York: de Gruyter.

Warnke, Ingo/ Jürgen Spitzmüller (Hrsg.) (2008): Methoden der Diskurslinguistik. Sprachwissenschaftliche Zugänge zur transtextuellen Ebene. Berlin/ New York: de Gruyter.

Wegner, Immo (1979): Frame-Theorie und lexikalische Semantik. In: Deutsche Sprache 7, 298-314.

Wellander, Erik (1917/1923/1928), Studien zum Bedeutungswandel im Deutschen. 3 Bände. Uppsala. (= Uppsalas Universitets Årsskrift)

Wengeler, Martin (2003): Topos und Diskurs. Begründung einer argumentationsanalytischen Methode. Tübingen: Niemeyer.

Wiegand, Herbert Ernst (1973): Einige Grundbegriffe der lexikalischen Semantik In: K. Baumgärtner u.a.: Funkkolleg Sprache. Bd. 2. Frankfurt am Main, 23-39.

Wiegand, H. E./ Wolski, Werner (1980): Lexikalische Semantik. In: H.P. Althaus/ H. Henne/ H.E. Wiegand (Hrsg.): Lexikon der germanistischen Linguistik. Tübingen, 199-211.

Wimmer, Rainer (1979): Referenzsemantik. Untersuchungen zur Festlegung von Bezeichnungsfunktionen sprachlicher Ausdrücke am Beispiel des Deutschen. Tübingen.

Wittgenstein, Ludwig (1915/1960): Tractatus logico-philosophicus. Frankfurt am Main.

Wittgenstein, Ludwig (1970): Über Gewissheit. Frankfurt am Main.

Wittgenstein, Ludwig (1971): Philosophische Untersuchungen. Frankfurt am Main.

Wolski, Werner (1980): Schlechtbestimmtheit und Vagheit – Tendenzen und Perspektiven. Methodologische Untersuchungen zur Semantik. Tübingen.

Wunderlich, Dieter (1981): Grundlagen der Linguistik. Opladen.

Wundt, Wilhelm (1900): Völkerpsychologie. Eine Untersuchung der Entwicklungsgesetze von Sprache, Mythus und Sitte. Bd. I: Die Sprache. Zweiter Teil. Leipzig.

Ziem, Alexander (2008): Frames und sprachliches Wissen. Kognitive Aspekte der semantischen Kompetenz. Berlin: de Gruyter.

# Register